Foucault
e a crítica da verdade

Cesar Candiotto

Foucault
e a crítica da verdade

2ª Edição

Estudos Foucaultianos

CHAMPAGNAT
EDITORA • PUCPR

autêntica

Copyright © 2010 Cesar Candiotto

COORDENADOR DA COLEÇÃO
ESTUDOS FOUCAULTIANOS
Alfredo Veiga-Neto

CONSELHO EDITORIAL DA COLEÇÃO ESTUDOS FOUCAULTIANOS
Alfredo Veiga-Neto (UFRGS); Walter Omar Kohan (UERJ); Durval Albuquerque Jr. (UFRN); Guilherme Castelo Branco (UFRJ); Sílvio Gadelha (UFC); Jorge Larrosa (Univ. Barcelona); Margareth Rago (Unicamp); Vera Portocarrero (UERJ)

PROJETO GRÁFICO
*Diogo Droschi
(Sobre imagem de Martine Franck © Magnum Photos/LatinStock)*

EDITORAÇÃO ELETRÔNICA
Tales Leon de Marco

REVISÃO
Ana Carolina Lins

EDITORA UNIVERSITÁRIA CHAMPAGNAT
EDITOR-CHEFE
Prof. Vidal Martins

CONSELHO EDITORIAL
Cesar Augusto Kuzma; Fernando Hintz Greca; Humberto Maciel França Madeira; Luiz Alexandre Solano Rossi; Maria Alexandra Viegas Cortez da Cunha; Rodrigo José Firmino; Rodrigo Sánchez Rios;

COORDENAÇÃO DA EDITORA
Ana Maria de Barros

BIBLIOTECÁRIA
*Viviane Gonçalves de Campos
CRB 9/1490*

Todos os direitos reservados pela Autêntica Editora e pela Editora Universitária Champagnat. Nenhuma parte desta publicação poderá ser reproduzida, seja por meios mecânicos, eletrônicos, seja via cópia xerográfica, sem a autorização prévia das editoras.

AUTÊNTICA EDITORA LTDA.
Rua Aimorés, 981, 8º andar . Funcionários
30140-071 . Belo Horizonte . MG
Tel: (55 31) 3214 5700
Televendas: 0800 283 13 22
www.autenticaeditora.com.br

EDITORA UNIVERSITÁRIA CHAMPAGNAT
Rua Imaculada Conceição, 1155 . Prédio da Administração, 3º andar . Câmpus Curitiba
CEP 80215-901 . Curitiba . PR
Tel. (41) 3271-1701 - Fax: (41) 3271-1435
www.editorachampagnat.pucpr.br

Dados Internacionais de Catalogação na Publicação (CIP)
(Câmara Brasileira do Livro, SP, Brasil)

Candiotto, Cesar
   Foucault e a crítica da verdade / Cesar Candiotto. – 2. ed. – Belo Horizonte : Autêntica Editora; Curitiba : Champagnat, 2013. – (Coleção Estudos Foucaultianos, 5 / Coordenador Alfredo Veiga-Neto)

   Bibliografia.
   ISBN 978-85-7526-497-3
   ISBN 978-85-7292-220-3

   1. Conhecimento - Teoria 2. Filosofia francesa 3. Foucault, Michel, 1926-1984 4. Sujeito (Filosofia) 5. Verdade (Filosofia) I. Veiga-Neto, Alfredo. II. Título. III. Série.

10-08543   CDD-194

Índices para catálogo sistemático:
1. Filosofia francesa 194

Àqueles de quem adoro cuidar,
Jaci, Marcelo, Sophia.

Aos meus pais,
Quintino e Maria Ivonir.

Às instituições:

Pontifícia Universidade Católica do Paraná, pelo apoio à pesquisa;

Pontifícia Universidade Católica de São Paulo, especialmente ao corpo docente do Programa de Pós-Graduação em Filosofia;

Coordenação de Aperfeiçoamento de Pessoal do Ensino Superior (CAPES), pela concessão da bolsa de doutorado e pela bolsa de estágio doutoral no exterior;

Institut Mémoires de l'Édition Contemporaine (IMEC), França, por ter possibilitado investigar nos *Archives Foucault*.

Às pessoas:

Profa. Salma Tannus Muchail, pela orientação paciente de meu doutorado e pelo generoso prefácio;

Prof. Frédéric Gros, pelo acolhimento como diretor de estudos, por ocasião de minha estadia na França;

Professores Antonio Edmilson Paschoal, Bortolo Valle e Cleverson Leite Bastos, primeiros mestres e colegas de trabalho;

Prof. Waldemiro Gremski, diretor de Pesquisa e Pós-Graduação da PUCPR, pelo apoio durante meu doutorado.

Sumário

11 Prefácio à segunda edição

13 Prefácio

17 Introdução

27 *Capítulo I* – Os saberes, o discurso e o homem

45 *Capítulo II* – Verdade, sujeito e genealogia

63 *Capítulo III* – Verdade e sujeição da subjetividade

93 *Capítulo IV* – Governo e atitude crítica

123 *Capítulo V* – Verdade e ética do sujeito

155 Considerações finais

169 Referências

Prefácio à segunda edição

Entre a primeira edição do livro *Foucault e a crítica da verdade*, de 2010, e sua segunda edição, de 2013, importantes trabalhos de Foucault foram publicados em língua francesa. O primeiro deles é o curso de 1970-1971, *Leçons sur la Volonté de Savoir* suivi de *Le Savoir D'Oedipe* (Gallimard, 2011), editado por Daniel Defert. Em seguida, a organização e publicação por F. Brion e B. Harcourt das conferências de Foucault na Faculdade de Direito de Louvain, em 1981, *Mal faire, dire vrai. Fonctions de l'aveu en justice* (Presses Universitaires de Louvain, 2012). Em novembro de 2012, o aguardado curso *Du gouvernement des vivants* (Gallimard; Seuil; EHESS), editado por Michel Senellart.

Todos esses ditos e escritos são particularmente relevantes para a crítica da verdade elaborada por M. Foucault. Aqui e acolá, os três trabalhos, agora publicados, já estavam presentes em nosso estudo, na edição de 2010. Como não foi possível dispor dos dois últimos até o momento, tornou-se inviável atualizar suas referências para esta segunda edição. Em contrapartida, os principais conceitos e desenvolvimentos desses conjuntos de intervenções de Foucault, na condição de professor e conferencista, estão contidos no horizonte de nossa pesquisa.

Surpreende-nos positivamente a recepção da comunidade acadêmica e a decisão da Autêntica Editora e da Editora Champagnat de relançar o livro *Foucault e a crítica da verdade,* em período tão exíguo de tempo, em se tratando de um livro técnico. Sinal de que há uma sintonia muito fina entre esta leitura filosófica da investigação de Foucault e as pesquisas em curso no Brasil. Acima de tudo, é o primor da coleção Estudos Foucaultianos, coordenada por Alfredo Veiga-Neto, bem como o árduo e dedicado trabalho de divulgação e distribuição da Editora Autêntica e da Editora Champagnat, que merecem muitas das credenciais pela bela recepção do livro. Nada mais resta que agradecer imensamente àqueles e àquelas que acreditaram na proposta deste livro, que colaboraram para que ele fosse publicado e chegasse, uma vez mais, a outros leitores, agora revisto.

Curitiba, 16 de novembro de 2012
Cesar Candiotto

Prefácio

Este livro deixa claras as escolhas que traçam suas trilhas. Algumas vias são expressamente afastadas. Pelo menos duas, assim enunciadas no final da *Introdução*: "seja asseverado que está longe de nós a intenção de percorrer todos os livros e demais escritos de Foucault na sua sequência, ao modo de introdução ao pensamento do autor"; tampouco se quer praticar a estratégia ou assumir "o propósito de sistematizar um pensamento que opera justamente a partir de deslocamentos estratégicos". É também desde a *Introdução* que a maior clareza de escolhas é positivamente declarada. Partindo-se de uma *hipótese*, a de que "o fio condutor do pensamento de Foucault identifica-se com a problematização da verdade e sua relação com o sujeito", delineia-se o *propósito* do livro, a saber, "analisar a possibilidade de *uma* história crítica da verdade articulada em torno da constituição do sujeito, como fio condutor da investigação de Foucault". *Hipótese* e *propósito* permitem desbastar a caminhada: não se vai percorrer todos os livros e escritos de Foucault, mas vai-se privilegiar muitos deles e, neles, "selecionar passagens" a serem preferencialmente exploradas; não se pretende sistematizar um pensamento que não é sistematizável, mas quer-se "oportunizar o conhecimento de *uma* perspectiva da ainda inquietante trajetória de um dos grandes pensadores da época contemporânea".

Nessas passagens que acabamos de citar, estabelecendo negativa e positivamente os contornos do livro, um detalhe merece ser observado, a saber, o destaque sempre dado à pequena palavra *"uma"*: é desde *uma* perspectiva que se refletirá sobre *uma* história crítica da verdade.

Um detalhe, não um pormenor. O livro é *um* caminho. Isso significa bem mais do que o claro propósito, já descrito, de não percorrer *todo* o pensamento de Foucault. Significa também, e sobretudo, um modo particular de percorrê-lo. Com efeito, um dos méritos do livro está justamente na maneira particular de oferecer ao leitor *um* traçado do pensamento de Foucault que, sem privar-se de acompanhar, em certa medida, a ordem sequencial de seus escritos, não a toma como roteiro principal. Sobre esta ordem sequencial ou a partir dela, constrói outro trajeto, feito com recortes de exemplificações ou atalhos, de desvios ou digressões.

Exemplificações ou atalhos

No rumo do fio condutor – a questão da verdade e sua relação com o sujeito – são privilegiados certos escritos de Foucault e, neles, passagens que propiciam o desenrolar do tema.

Assim, o Capítulo I, que trabalha a questão do sujeito e da verdade no plano discursivo, retomando a obra mais estritamente arqueológica de Foucault, *As Palavras e as coisas*, prescinde de discorrer sobre o período que vai do Renascimento à Idade Clássica, para deter-se, "como exemplo", na passagem da Idade Clássica à Moderna, por ser justamente então que se realça a figura do homem como sujeito cognoscente e a da verdade como verdade do conhecimento.

O Capítulo II, por sua vez, abordando o entrelaçamento entre o plano discursivo e o extradiscursivo, não se demora no livro mais conhecido da genealogia do poder, *Vigiar e punir*, para debruçar-se, em contrapartida, sobre outros escritos, especialmente cursos e conferências. São relidos: *A ordem do discurso*, o curso intitulado *A vontade de saber*, as conferências pronunciadas no Rio de Janeiro, em 1974, que compõem *A verdade e as formas jurídicas*, entre outros. É que, particularmente nesses "exemplos", vêm à tona os "matizes metodológicos" das articulações entre verdade e poder.

Os Capítulos III e IV, voltados para as práticas de resistências, as contracondutas, ou, numa palavra, a atitude crítica, fazem uso de um livro básico que é o volume I de *História da sexualidade*, mas também se alimentam, preferencialmente, de cursos como *O poder psiquiátrico*; *Os anormais*; *Em defesa da sociedade*; *Segurança, território, população*; *Nascimento da biopolítica*; *Do Governo dos vivos*, além de textos de conferências como as pronunciadas na Universidade de Louvain, em 1981, sob o título "Mal faire, dire vrai. Fonctions de l'aveu", ou na *Société Française de Philosophie*, em 1978, intitulada "Qu'est-ce que la critique?".

O Capítulo V, sobre as relações entre sujeito ético e verdade, também procede mediante "exemplificações" para as quais são prioritariamente usados os cursos *A hermenêutica do sujeito* e *A coragem da verdade*, e, entre outros, o texto de uma conferência de 1982, proferida em Chicago, "O sujeito e o poder".

Desvios ou digressões

Complementando as particularidades do seu trajeto, o livro conduz o leitor a transitar por sendas que, depois de trilhadas, o reconduzem, mais equipado, ao itinerário principal. Assim, esse itinerário é atravessado por breves mas bem cabíveis passagens sobre certos pensadores como Descartes (particularmente no Capítulo I), Nietzsche (particularmente no Capítulo II) e Merleau-Ponty (na "Introdução" e no Capítulo I), entre muitos outros. De igual modo, são curtas, porém apropriadas, as incursões acerca de certas temáticas, tais como a figura do *autor* (Capítulo I), o significado de *regime de verdade* para Foucault a partir de 1978 (Capítulo III), os conceitos de *ficção*, de *fábula* e especialmente de *ficções históricas* (Considerações finais), etc. Essas pluralidades, por assim dizer, às vezes aparentemente dispersas, reúnem-se nas considerações finais. Com efeito, concisas, tais considerações oferecem um espaço de convergência das sendas percorridas que, juntas, bem poderiam ter o título geral "Uma história crítica da verdade".

Pode-se dizer que este livro, que trabalha com recortes, mas é bem articulado, modela-se no pensamento de Foucault que não é sistematizável tampouco aleatório. E, principalmente, pode-se compreender melhor o que anunciamos inicialmente: assim como a história foucaultiana da verdade e do sujeito é *uma* história crítica da verdade, assim também este livro é *uma* perspectiva sobre essa história, é *um* caminho. Vale a pena seguir seus passos.

Salma Tannus Muchail

Introdução

> *O que é a filosofia senão uma maneira de refletir,
> não sobre o que é verdadeiro e o que é falso,
> mas sobre nossa relação com a verdade?*
>
> FOUCAULT, 1994d, p. 110[1]

    O pensamento de Michel Foucault nos últimos decênios tem sido interpretado a partir de diferentes enfoques. Alguns privilegiam a arqueologia do saber, situando-a como o momento mais fecundo de sua atividade intelectual; outros se atêm à genealogia do poder, até hoje uma verdadeira caixa de ferramentas para as ciências do homem e as ciências sociais; há ainda aqueles enfoques que priorizam a genealogia da ética, quando Foucault toma como canteiro histórico o pensamento greco-romano antigo. A identificação desses três momentos na sua investigação há muito tempo é um lugar comum; na verdade, constitui uma tentativa aproximada de sistematizar o que não pode ser sistematizado, quer dizer, um pensamento que procedeu mediante deslocamentos estratégicos e sempre apostando no impensado.

    Somados aos livros do autor, os volumes dos *Dits et écrits* publicados em 1994, assim como os cursos no *Collège de France* que vêm sendo editados, nuançam, ainda que de modo disperso, a possibilidade de um fio condutor que opera como liame entre os diferentes momentos de seu pensamento. A proposta desse fio condutor para tratar do pensamento de Foucault afasta-se da tentativa de uniformização e homogeneização daquilo que *de per se* é diferente e heterogêneo. Ao percorrer textos seletos da vasta produção

---

[1] Tradução nossa. O mesmo se aplica a todas as outras citações diretas utilizadas ao longo deste livro cujos originais se encontram em língua estrangeira.

intelectual do autor, objetiva-se somente enfocar *uma* perspectiva que constitua uma contribuição razoável para a filosofia contemporânea.

A hipótese de trabalho é que o fio condutor do pensamento de Foucault identifica-se com a problematização da verdade e sua relação com o sujeito. Mais precisamente, uma história crítica da verdade que pode ser apresentada, pelo menos, em dois aspectos: uma que examina o estatuto do sujeito nas ciências do homem, entre as quais, segundo Foucault, ele tem sido objetivado a partir de conceitos antropologizantes e universalizantes; outra que avalia o estatuto filosófico do sujeito, no sentido de que desde a filosofia moderna ele tem sido considerado a origem e o elemento fundador de quaisquer conhecimentos.[2]

Contudo, Foucault não faz uma investigação a esmo. Seu pensamento é tributário da conjuntura filosófica francesa da segunda metade do século XX, marcada pela crítica mordaz do caráter universalista do sujeito, ou seja, ao modo pelo qual, de Descartes a Husserl, ele tem sido reconhecido como subjetividade a-histórica, autorreferente e absolutamente livre. Para Foucault, a centralidade da filosofia do sujeito no pensamento moderno está institucionalmente vinculada à universidade francesa e à ideia de que, se a filosofia moderna começara com Descartes, deveria avançar ao modo cartesiano; está associada ainda ao contexto que antecede e segue imediatamente a Segunda Guerra Mundial, quando predomina na França e na Europa continental a perspectiva de uma filosofia cuja função principal é "fundar todo o saber e o princípio de toda significação no sujeito significante" (FOUCAULT, 1994d, p. 169). É a época da ênfase na transcendência do ego, da influência dos livros mais conhecidos de Husserl na França, as *Meditações cartesianas* e *A crise das ciências europeias*.

Convém levar ainda em consideração que a conjuntura política europeia, marcada pelo absurdo das duas grandes Guerras na primeira metade do século XX, fortaleceu a concepção de que caberia somente ao sujeito dar sentido às suas escolhas existenciais. No entanto, segundo Foucault, a partir do decênio de 1960 a filosofia do sujeito deixa de ser tão evidente. Por um lado, essa maneira de pensar não conseguiu elaborar uma filosofia do saber científico; por outro, não alcançou dar conta dos mecanismos formais de significação e das estruturas de sentido.

---

[2] "Denomina-se 'sujeito' um ser cuja identidade é suficientemente firme para lhe permitir *suportar*, em todos os sentidos da palavra (sustentar, servir de fundamento, resistir à prova), a mudança, ou seja, a alteração. O sujeito permanece o mesmo enquanto se modificam as qualidades acidentais. Desde Descartes, o mais subjetivo de todos os sujeitos é aquele que está seguro de sua identidade, o *ego* do *ego cogito*" (DESCOMBES, 1979, p. 94, grifo do autor).

Conforme Foucault, duas perspectivas de análise buscaram *sair* da filosofia do sujeito. Uma tem sido a teoria do saber objetivo, conhecida como positivismo lógico; outra é o estruturalismo, que, mediante análise dos sistemas de sentido e da semiologia, fez-se presente na linguística, na psicanálise e na antropologia estrutural francesas. A investigação de Michel Foucault também pode ser situada nessa tentativa de *saída* da filosofia do sujeito, sobretudo de sua vertente fenomenológica. Seu caminho, contudo, é diferente. Trata-se de elaborar a "genealogia do sujeito moderno" (FOUCAULT, 1994d, p. 170), mediante o estudo de sua constituição nas práticas históricas. Essa maneira de fazer genealogia, em grande parte tributária da apropriação do pensamento de Nietzsche, quer ser um diagnóstico do presente. Isso porque ela parte de *nossa* pertença cultural, descreve sua diferença em relação ao passado recente, a fim retornar ao presente; retorno que não significa repetir o passado, mas provocar o questionamento das evidências já constituídas por parte de nossa sociedade.

Ora, tem sido uma evidência significativa na filosofia moderna que o sujeito é fundamento de verdade e fonte universal de significação. Foucault quer problematizar evidências como esta, ao mostrar que tanto os discursos de verdade quanto o que se entende por sujeito são produzidos, constituídos a partir da articulação entre jogos de regras, mecanismos e estratégias de poder pertencentes às nossas práticas sociais e culturais.

Diante dos conteúdos históricos que têm sido elaborados e aos quais estamos vinculados porque são tidos como se fossem verdadeiros, porque valem como verdadeiros, é imprescindível que uma questão seja posta: "quem sou eu [...] que pertenço a essa humanidade [...], a esse momento, a esse instante da humanidade que é sujeitada pelo poder da verdade em geral, e das verdades em particular?" (FOUCAULT, 1990, p. 46).

Renunciando enunciar verdades sobre o sujeito que valham universalmente e para todos os tempos, a genealogia do sujeito moderno tem como papel diagnosticar o que somos e "o que significa hoje dizer o que dizemos" (FOUCAULT, 1994a, p. 606). Ela é crítica, porque denuncia o que nos tornamos diante da proliferação de discursos que pretendem atribuir verdades sobre nós, assinalando-nos com identidades; enfatiza que tais verdades mormente não passam do jogo de regras entre saberes, ou do jogo entre práticas coercitivas, ou ainda do jogo constituído a partir de práticas de si de uma cultura.

A genealogia foucaultiana é apresentada então como uma história crítica dos jogos de verdade, a partir dos quais o sujeito é constituído.

> Na realidade, esse foi sempre meu problema, mesmo se formulei o quadro dessa reflexão de um modo um pouco diferente. Procurei saber como o sujeito humano entrava nos jogos de verdade, sejam os jogos de verdade que têm a forma de uma ciência ou que se referem a um modelo científico, sejam os jogos de verdade como aqueles que se pode encontrar nas instituições ou práticas de controle. É o tema de meu trabalho *Les mots et les choses*, onde tentei ver nos discursos científicos como o sujeito humano vai definir-se como indivíduo falante, vivente e trabalhador. Resgatei tal problemática na sua generalidade nos cursos no Collège de France. [...] O problema das articulações entre o sujeito e os jogos de verdade havia considerado até então seja a partir de práticas coercitivas – como no caso da psiquiatria e do sistema penitenciário –, seja nas formas dos jogos teóricos ou científicos – como a análise das riquezas, da linguagem e do ser vivente. Ora, nos meus cursos no Collège de France tentei compreendê-lo por meio daquilo que pode ser denominado como uma prática de si, que é, creio, um fenômeno muito importante nas nossas sociedades a partir da época greco-romana, ainda que não tenha sido muito estudado (FOUCAULT, 1994d, p. 708-709).

Porque o ponto de partida são as práticas,[3] a história crítica da verdade é reconhecida como aplicação da "história crítica do pensamento" (FOUCAULT, 1994d, p. 632). Para Foucault, pensamento designa ao mesmo tempo modos de ser e de agir, razão pela qual o que se entende por verdade em sua investigação é irredutível às origens essenciais pressupostas por boa parte das correntes filosóficas ou à neutralidade e à objetividade reivindicadas pelas ciências; ela constitui "a 'resposta' para uma situação concreta que é real" (FOUCAULT, 1997a, p. 113), ainda que situações análogas não impliquem sempre as mesmas respostas. A articulação entre verdade e sujeito não pre-existe aos saberes e práticas; "é o conjunto das práticas discursivas ou não discursivas que faz com que algo entre no jogo do verdadeiro e do falso e o constitua como objeto para o pensamento" (FOUCAULT, 1994d, p. 670).

Como nota Paul Veyne (1995, p. 164, grifo do autor), referindo-se ao trabalho de Foucault: "o que *é feito*, o objeto, se explica pelo que foi o *fazer* em cada momento da história; enganamo-nos quando pensamos que o *fazer*, a prática, se explica a partir do que *é feito*". Consideradas no momento em que emergem, funcionam e se transformam, as práticas são reconhecidas como chaves de inteligibilidade para pensar o lugar da verdade e de sua articulação com o sujeito.

Detrás das práticas inexiste qualquer sujeito de verdade que determine sua compreensão e as constitua como tais; pelo contrário, trata-se de situar

---

[3] Para Foucault, a prática não se opõe à teoria, mas à abstração. Portanto, os jogos teóricos e científicos também são reconhecidos como práticas históricas.

a constituição do sujeito a partir daquilo que se faz com ele num determinado momento, na condição de louco, doente, criminoso, dirigido etc. As práticas deixam de ser comandadas somente pelas instituições, prescritas pelas ideologias ou guiadas pelas circunstâncias; elas têm regularidades próprias, estratégias e tecnologias específicas, racionalidades peculiares.

Uma das passagens privilegiadas para entender esse ponto de vista é a que segue.

> Se eu estudei "práticas" como aquelas do seqüestro dos loucos, da medicina clínica, da organização das ciências empíricas ou da punição legal, era para estudar esse jogo entre um "código" que regra maneiras de fazer (que prescreve como dividir as pessoas, como examiná-las, como classificar as coisas e os signos, como adestrar os indivíduos etc.) e uma produção de discursos verdadeiros que servem de fundamento, de justificação, de razões de ser e de princípio de transformação dessas mesmas maneiras de fazer. Para dizer as coisas claramente: meu problema é saber como os homens se governam (eles mesmos e os outros) por meio da produção de verdade (repito ainda, por produção de verdade: não entendo a produção de enunciados verdadeiros, mas a disposição de domínios em que a prática do verdadeiro e do falso pode ser ao mesmo tempo regrada e pertinente) (FOUCAULT, 1994d, p. 26-27, grifos nossos).

Para Foucault, a filosofia moderna tratou da problemática da verdade de duas maneiras: a que aborda a produção dos enunciados verdadeiros; e a que investiga a pertinência que tem para o sujeito a problematização do verdadeiro e do falso na história de práticas específicas, envolvendo jogos de regras entre saberes e estratégias de poder. De um lado, a investigação que trata do acesso à verdade e do desvio do erro pelo caminho da analítica da verdade; de outro, a investigação das condições históricas do *jogo* entre o verdadeiro e o falso observado na tradição crítica do Ocidente.

A bifurcação da filosofia moderna em torno da problemática da verdade teria sido *possibilitada* por Kant, embora jamais construída por ele. A ênfase na dimensão analítica da verdade constitui desdobramento do privilégio unilateral da *Crítica da razão pura* e sua perspectiva epistemológica por parte dos neokantianos; já o acento nas dimensões políticas e éticas da constituição da verdade encontra-se presente na trajetória de pensadores modernos que subordinaram o alcance das *Críticas* à resposta kantiana sobre o significado da *Aufklärung* (KANT, 1991).[4]

---

[4] *Aufklärung* designa o movimento do Iluminismo na Europa dos séculos XVII e XVIII, principalmente na França e na Alemanha. A questão da *Aufklärung* tem uma importância significativa

A história crítica da verdade de Michel Foucault toma distância daquilo que normalmente se entende por filosofia crítica, quer dizer, a busca dos limites necessários da experiência que o sujeito de conhecimento está impedido de ultrapassar; antes, ela quer ser a história das regras e mecanismos produtores de verdade que o sujeito está disposto a aceitar, a recusar e a mudar em si mesmo e nas suas circunstâncias. Ela aponta para os limites da história dos conhecimentos *sobre* e *a partir* do sujeito, normalmente reconhecida como sua *verdadeira* história.

Segue-se o objetivo geral deste trabalho: analisar a possibilidade de *uma* história crítica da verdade articulada em torno da constituição do sujeito, como fio condutor da investigação de Michel Foucault.

Num primeiro momento são abordados os jogos de verdade teóricos e científicos. Fundamentalmente, estuda-se o modo como Foucault questiona a unidade e a universalidade da figura epistemológica do homem no pensamento moderno e apresenta sua formação histórico-arqueológica entre os saberes.

No Capítulo I, intitulado "Os Saberes, o Discurso e o Homem", será ressaltada a emergência do homem no jogo de regras estabelecido entre os saberes no limiar da Modernidade europeia.[5] O homem deixa de ser

---

no pensamento de Michel Foucault, a partir de 1978. Como sugere Judith Revel, há três níveis de análise do seu significado em Foucault: um primeiro reconstitui de modo arqueológico o momento em que o Ocidente tornou sua razão autônoma e soberana; aqui a *Aufklärung* designa tanto a realização daquilo que precede (a reforma luterana, a revolução copernicana, a matematização galileana da natureza, o pensamento cartesiano, a física newtoniana, etc.) quanto o gesto fundador daquilo que a sucede e do qual ainda participamos. Assim, além da descrição arqueológica da *Aufklärung* enquanto realização de um passado recente há a perspectiva genealógica sobre qual relação podemos estabelecer com nosso presente a partir desse gesto fundador. Um segundo nível diz respeito à evolução da *Aufklärung* nos diversos países europeus, principalmente na Alemanha e na França. Na Alemanha, ela desdobrou-se numa reflexão histórica e política sobre a sociedade; na França, atualizou-se por meio de uma história das ciências. O terceiro nível consiste em perguntar pelo presente, enquanto diferença introduzida em relação ao passado e indica a "atitude da modernidade" e de nosso próprio *éthos* (REVEL, 2002, p. 10-11). Foucault se refere à *Aufklärung* em 1978, numa conferência na Sociedade Francesa de Filosofia, intitulada "Qu'est-ce que la Critique?, *Bulletin de la Société Française de Philosophie* (FOUCAULT, 1990); no texto "La vie: l'expérience et la science" (FOUCAULT, 1994d, p. 763-776), prefácio à edição americana de *Le normal et le pathologique* de Georges Canguilhem; ainda, na conferência nos Estados Unidos, em "What is Enlightenment?" (FOUCAULT, 1994d, p. 562-578) e no curso *Le gouvernenment de soi et des autres* (FOUCAULT, 2008, p. 3-40).

[5] A Modernidade pode tanto ser considerada um *processo* cujo início remonta o final do século XVIII e o início do século XIX quanto designar uma atitude filosófica sempre inacabada que consiste em perguntar sobre quem somos e o que podemos e devemos fazer de nós mesmos diante das racionalidades científicas e filosóficas e das tecnologias institucionais que tentam impor uma verdade sobre

aquele que dispõe os saberes de acordo com sua época; a regularidade sincrônica entre tais saberes é que possibilita sua constituição histórica como objeto. Na condição de *forma*, de *figura* do saber, o homem surge a partir de uma configuração múltipla entre os saberes. Sua *invenção* faz parte da organização de uma disposição discursiva, no momento em que os seres, as coisas e as palavras deixam de ser pensados a partir da Representação, sendo conhecidos doravante a partir de sua história finita.

Antes daquela disposição, que é a moderna, o homem, como objeto de saber, não existia (renascentistas e clássicos); e diante da nova disposição dos saberes (época contemporânea) ele poderá desaparecer. Após o ocaso do infinito divino como fundamento da verdade na Representação clássica, torna-se empresa infrutífera erigir o homem finito como seu substituto. Ao contrário das filosofias modernas do sujeito, que elevam a finitude empírica do homem ao *status* de sujeito constituinte dos conhecimentos, a arqueologia de Michel Foucault apresenta-o constituído entre as positividades; seu ser está rodeado por sua inexistência no passado e sua dispersão no porvir. Privilegia-se a arqueologia dos domínios empíricos da biologia, da filologia e da economia política para mostrar que o homem emerge pela primeira vez como objeto de conhecimento entre esses saberes empíricos, e não no lugar que normalmente se pensa, que é o da finitude no sentido filosófico.

Postulamos que as filosofias modernas pós-kantianas diferem da arqueologia das ciências do homem porque caem no antropologismo. Renunciam pensar o homem pela constituição de sua história, situando-o seja como transcendental objetivo, seja como sujeito constituinte. Transcendental objetivo, quando a verdade do homem é situada ao lado do objeto, ou seja, na sua natureza sensorial (positivismo behaviorista) ou na história (dialética); sujeito constituinte, quando, na tentativa de contestar as correntes do positivismo e da dialética, a verdade do homem fundamenta-se na absorção do empírico pelo transcendental, como parece ser o caso da análise do vivido de Merleau-Ponty.

Nem objeto dado, nem sujeito constituinte. A análise das práticas discursivas elaborada em *L'archéologie du savoir* (1969) mostra até que ponto sujeitos

---

nossa identidade. Em vez de considerar a Modernidade um bloco monolítico, Foucault prefere fazer a crítica de racionalidades específicas, historicamente localizáveis no espaço e no tempo, como as que envolvem a loucura, a doença, a penalidade, a sexualidade, as práticas confessionais, o homem vivente, trabalhador e falante. Não se trata de opor o irracional ao racional, o pós-moderno ao moderno, mas de descobrir na própria Modernidade as razões para uma *atitude* crítica. Sobre uma discussão mais detalhada em torno desse tema, ver SENELLART, 2003a, p. 131-148.

e objetos são modificáveis nas regras do discurso arqueológico, dificultando a atribuição universalista de verdade, normalmente centrada na adequação transistórica entre sujeito e objeto de conhecimento. Não objetivamos percorrer todos os domínios da arqueologia de Foucault, amplamente estudados por outros pesquisadores. Somente queremos ressaltar nessa primeira parte de seu trabalho que a relação com a verdade está vinculada à produção de discursos. Daí entende-se por que o verdadeiro jamais designa a relação com a contemplação da verdade nem é atributo privilegiado e exclusivo do conhecimento científico, principalmente como é apresentado pelas ciências naturais; tampouco consiste numa decifração que suspeita continuamente de si mesmo, ao buscar desterrar uma verdade recôndita na subjetividade. Para Foucault, ao elaborar discursos, o sujeito também esclarece e problematiza o significado de suas práticas, sua maneira de ser em meio ao mundo.

Num segundo momento, mostraremos que esses discursos, reconhecidos como verdadeiros em tal ou qual época, permanecem sempre como um lugar de enfrentamento. A verdade, no sentido da constituição de uma verdade de si, é inseparável da problematização das relações de poder entre as práticas sociais. Além de ser efeito do jogo de regras entre os saberes, a verdade do sujeito passa a ser pensada também como efeito de estratégias de poder de uma sociedade.

No Capítulo II, intitulado "Verdade, sujeito e genealogia", a análise deixa de incidir somente sobre os jogos teóricos e científicos, para privilegiar como ponto de partida as práticas concretas. A arqueologia do saber torna-se estratégia constitutiva da genealogia do poder, no sentido de que a produção da verdade emerge do jogo, da luta e do enfrentamento contínuo. Elaborar a genealogia das verdades sobre o indivíduo a partir de sua emergência, funcionamento e desaparecimento nas práticas concretas implica a recusa da origem essencial da história e na dissociação do sujeito cartesiano e kantiano. Se, pela análise dos jogos teóricos e científicos, o sujeito é situado a partir de sua dispersão e de seu desaparecimento, no estudo das práticas concretas ele é constituído nos mecanismos coercitivos de poder. Fazer a história das verdades que lhe são assinaladas, não como se fossem objetos naturais preexistentes, mas no momento em que se transformam em objetos da partilha entre o verdadeiro e o falso, configura um modo singular de interrogar aspectos marcantes da identidade do sujeito, ao mesmo tempo em que levanta a suspeita de sua provisoriedade histórica. Diante da neutralidade dos discursos científicos que objetivam o sujeito, trata-se de propor sua constituição, politicamente estabelecida.

Não é nossa pretensão perpassar os canteiros históricos mais conhecidos da primeira metade da década de 1970, como poderia ser a incursão pelo notável livro *Surveiller et punir* (1975). Somente queremos apontar os matizes metodológicos da relação entre verdade, discurso e sujeito.

Num terceiro momento e quarto momentos, busca-se compreender o modo como Michel Foucault desenvolve a perspectiva das contracondutas e *atitude* crítica, em face da pretensa necessidade do poder, e como tal *atitude* constitui deslocamento decisivo para a articulação entre verdade, governo e sujeito na chamada genealogia da ética.

No Capítulo III, intitulado "Verdade e sujeição da subjetividade", são apresentadas as tecnologias de discursividade do eu e sua correlação com o governo das condutas. O estudo limita-se à análise de alguns aspectos da chamada ciência-confissão moderna. Nas tecnologias de discursividade do eu, está em questão a extração de verdades concernentes à identidade do sujeito. Discorrer sobre o fluxo dos pensamentos a outra pessoa configura um jogo de poder cujo objetivo é produzir identidades *verdadeiras*. Se a verdade da identidade do sujeito constitui efeito de jogos de poder, cabe saber por que ele se sente vinculado a ela mediante seu próprio discurso.

No Quarto Capítulo, intitulado "Governo e atitude crítica", mostramos que no governo das condutas, sobretudo naquele iniciado pelo monaquismo cristão, está em jogo a produção de subjetivações sujeitadas mediante a articulação estratégica com a salvação, com a lei e com a verdade. Por se tratar não tanto da relação entre forças capilares e infinitesimais que atravessam sujeitos, mas do conjunto de ações que os constituem, o conceito de governo supõe tanto a *ação* de conduzir quanto a *atitude* de resistência em ser conduzido, governar e não ser governado, dirigir e não ser dirigido. No entanto, a atitude crítica diante de um governo qualquer não é exterior a ele, e sim seu outro polo. Entre as tecnologias de sujeição da individualidade dos anos 1970 e as práticas de subjetivação dos anos 1980, a atitude crítica diante da necessidade do poder configura deslocamento significativo no conjunto do pensamento de Foucault.

No quinto momento, é enfatizado o último desdobramento da história crítica da verdade na trajetória do pensamento de Foucault. Sua especificidade reside na formulação da ética do sujeito, envolvendo a constituição e a transformação de subjetividades e seus modos singulares de existência. Nos momentos anteriores, a ênfase na história crítica da verdade é caracterizada pelo ceticismo estratégico, a saber: o questionamento da universalidade do sujeito, a desconfiança diante da neutralidade da verdade e a atitude crítica em relação à necessidade do poder. Desdobra-se daí a crítica dos universais antropológicos por meio da história dos saberes em torno do homem falante, vivente e trabalhador; a crítica da neutralidade da verdade do conhecimento mediante a postulação de sua produção no jogo histórico dos mecanismos de poder; o questionamento da necessidade do poder pelo enfrentamento entre atitude crítica e governo da individualização.

No Quinto Capítulo, intitulado "Verdade e ética do sujeito", aponta-se a articulação positiva entre verdade e sujeito no âmbito do governo de si e dos outros. Procura-se delinear o modo pelo qual a constituição do sujeito é articulada com discursos de verdade de caráter propositivo porque operam a transformação da relação do sujeito consigo mesmo. Sem negar a existência de outras abordagens, foram escolhidos dois modos de exemplificação da *atitude* crítica como ética do sujeito: um salienta o contraste entre filosofia moderna e espiritualidade antiga, ao identificar nessa última a importância da ascese da verdade como condição de transformação do sujeito; outro ressalta as qualidades exigidas daquele cuja função é enunciar discursos reconhecidos como verdadeiros a partir da convicção daquilo que enuncia. Estão em jogo os diversos papéis do filósofo antigo, tais como o mestre encarregado de orientar o discípulo na relação pedagógica, o democrata que discursa para a assembleia contra a opinião da maioria, o conselheiro do rei que se opõe às decisões tirânicas e infundadas.

Seja asseverado que está longe de nós a intenção de percorrer todos os livros e demais escritos de Foucault na sua sequência, ao modo de introdução ao seu pensamento. Procuramos antes selecionar as passagens em vistas da demonstração de nosso objetivo. Com isso, na medida do possível, queremos tomar distâncias de coerências já estabelecidas e de unidades prefixadas a respeito de sua escritura. É importante ressaltar que a aventura por nós empreendida não assume o propósito de sistematizar o pensamento de Foucault, um pensamento que opera justamente a partir de deslocamentos estratégicos.

Com este livro, queremos oportunizar o conhecimento de *uma* perspectiva da ainda inquietante trajetória de um dos grandes pensadores da época contemporânea.[6]

---

[6] Este estudo é um desdobramento de nossa tese de doutorado intitulada *Foucault e a verdade*, defendida na PUC-SP e orientada pela professora Salma Tannus Muchail. Vale dizer que diversas passagens dela foram aqui omitidas, redimensionadas ou até mesmo reescritas em razão da publicação.

Capítulo I
Os saberes, o discurso e o homem

O livro *Les mots et les choses* (1966) foi celebrado como um verdadeiro acontecimento no pensamento filosófico da segunda metade do século XX. Em que pese sua exaltação vulgar em virtude da tese do desaparecimento do homem no pensamento contemporâneo, poucos foram aqueles que tomaram distância da polêmica imediatista e midiática em torno dele para analisá-lo com acuidade e rigor.

Nesse notável escrito, Michel Foucault descreve a constituição histórica dos saberes que resultaram na invenção do homem, posicionando-se contrariamente àquelas reflexões que situam a verdade no sujeito transcendental.

> O homem é uma invenção cuja recente data a arqueologia de nosso pensamento mostra facilmente. E talvez o fim próximo. Se essas disposições viessem a desaparecer tal como apareceram, se, por algum acontecimento de que se pode quando muito pressentir a possibilidade, mas de que no momento não conhecemos ainda nem a forma nem a promessa, se desvanecessem, como aconteceu, na curva do século XVIII, com o solo do pensamento clássico – então se pode apostar que o homem se desvaneceria, como, na orla do mar, um rosto de areia (FOUCAULT, 1966, p. 398).

Esse parágrafo que tornou célebre o livro de Foucault é somente a epígrafe de uma estrutura conceitual complexa, reiteradas vezes, defensável e criticável. Não é o caso de discutir seu estatuto. Pretende-se destacar o modo como o autor apresenta a emergência do homem como centro de preocupação entre os saberes, condicionado pela multiplicidade e pela exterioridade, e, em seguida, como a filosofia moderna se apropriou de tais discursos transformando a multiplicidade em unidade, a exterioridade em interioridade.

Foucault jamais se posiciona ao lado das ciências e contra a filosofia, a partir dos objetos contra dos sujeitos, das coisas contra as palavras; busca somente entender as condições que permitem que ciências e filosofias, objetos e sujeitos, coisas e palavras sejam dispostos numa ordem e segundo regras específicas num momento histórico.

Se *Les mots et les choses*, paradoxalmente, não se situa no âmbito das palavras ou das coisas; se nele não se trata da descrição de um vocabulário ou de um recurso à plenitude viva da experiência é porque nada está aquém ou além do âmbito discursivo (FOUCAULT, 1969, p. 66). A formação histórica de tal âmbito está condicionada tanto pelas *regularidades* dos saberes numa mesma época quanto pela sua *distribuição descontínua* entre diferentes épocas.

No que tange às regularidades entre saberes, elas são estabelecidas em função de sua articulação fundamental com a rede discursiva que o autor denomina de *epistémê*. Esse termo é inassimilável àquilo que se disse ou que se quis dizer; diz respeito ao pressuposto do conjunto daquilo que é nomeado e pensado em diferentes domínios de saber de uma época.

Se a história das ciências isola um domínio do saber e aponta seu progresso rumo à sua própria objetividade e sistematicidade, a "arqueologia" (FOUCAULT, 1966, p. 13) pretende ser a descrição histórica que articula domínios diferentes de saber a partir de condições discursivas comuns que os possibilita serem reconhecidos como verdadeiros.

Aquilo que se denomina de verdade é estabelecido pelo jogo de regras, pela ordem do discurso que condiciona esses saberes, e não pela ordem das coisas ou das palavras.

Quando são descritas as redes discursivas epocais, torna-se irrelevante a afirmação de uma continuidade progressiva da racionalidade em busca de sua cientificidade; apenas procura-se identificar o sistema de relações que constitui o solo permeável de um saber possível num momento histórico. Sua descrição independe da vontade consciente de racionalização ou da afirmação livre e soberana da razão liberta dos preconceitos do passado, mas da sincronia estabelecida pela rede dos saberes.

No entanto, a análise da *epistémê* não se limita às regularidades, mas implica o "jogo simultâneo de mudanças específicas" (FOUCAULT, 1994a, p. 676-677), o que torna anacrônica a perspectiva do progresso da verdade a partir de sua origem transistórica.

Foucault distribui a formação dos saberes entre os quais surge a figura do homem em três épocas, cada qual com sua própria articulação:

no Renascimento (século XVI) a articulação da *Semelhança* entre coisas e palavras; na Idade Clássica (séculos XVII e XVIII) a articulação entre *Representação* e signos; na Modernidade (a partir do século XIX) a articulação entre *História* e finitude do homem. Em cada época três domínios de saber são estudados: as palavras, os seres e as riquezas.

Prescinde-se no presente estudo do desenvolvimento detalhado de tal história.[7] Será tomada como exemplo somente a passagem da Idade Clássica para a Modernidade, a fim de indicar como a estratégia arqueológica apresenta a emergência da ambígua figura do homem como objeto entre os saberes e como sujeito constituinte dos conhecimentos.

No final do século XVIII, Foucault situa a descontinuidade entre o espaço da *Representação* e dos signos e a emergência do novo espaço da *História* e da finitude do homem. Surgem os novos domínios de saber da linguagem, da vida e do trabalho; tornam-se suscetíveis de serem conhecidos porque os discursos foram substituídos pelos sistemas gramaticais, as trocas, deslocadas pelas formas de produção, e as classificações, metamorfoseadas pelas organizações funcionais com seus novos campos epistemológicos respectivos, a saber: a filologia, a biologia e a economia política.

No entanto, tais domínios de saber já não habitam um lugar-comum, pois cada um se enrola sobre si próprio em suas cadeias complexas. Comum entre eles é apenas a nova rede discursiva que os condiciona, ou seja, a historicidade precária e finita que possibilita serem conhecidos. Somente nesse momento, no vão disposto pelos saberes, é que emerge a figura do homem como ser finito e historicamente condicionado.

Fundamental é destacar que tanto a descrição ordenada das regularidades entre os saberes de uma época quanto sua distribuição descontínua entre as diferentes épocas destronam a ideia de um sujeito constituinte dos conhecimentos e fonte originária da verdade.

Na história arqueológica dos saberes, quando se fala de "homem" se designa uma figura histórica presa numa *disposição epistemológica* (a moderna) ou discursiva. A verdade está no discurso, e não no homem, porquanto este emerge na historicidade do próprio discurso.

Se tal procedimento histórico levantou muitas críticas à investigação de Foucault, caberia saber até que ponto ele se constituiu em instrumento válido para sair das filosofias do sujeito, para as quais prevalece a ideia do homem, do sujeito, como fonte de significação e de toda verdade.

---

[7] Para uma análise detalhada de *Les mots et les choses,* ver TERNES, 1998; SILVA, 2002.

Trata-se então de fazer *uma* arqueologia das ciências do homem pelo caminho dos conjuntos discursivos do trabalho, da vida e da linguagem. Com ela se apresenta essa frágil figura moderna, mas da qual já se pode prever o desaparecimento, porquanto na história predomina não tanto o progresso dos conhecimentos, mas suas transformações e descontinuidades.

História e emergência do homem

No capítulo VII de *Les mots et les choses*, intitulado "Os limites da representação", Foucault ressalta que a partir do começo do século XIX a História é a *epistémê* a partir da qual novos saberes poderão se oferecer ao conhecimento; ela é o modo de ser de todos os seres empíricos e do homem, como ser singular (FOUCAULT, 1966, p. 231).[8] Ao mesmo tempo que define o lugar de nascimento do que é empírico, é nele que ela assume o ser que lhe é próprio. A História é aquilo a partir de que saberes ou positividades são "afirmadas, postas, dispostas e repartidas no espaço do saber para eventuais conhecimentos e para ciências possíveis" (FOUCAULT, 1966, p. 231). Enfim, ela indica a precariedade de todos os seres e seu condicionamento pelo não ser.

Desde o momento em que a História se torna o modo de ser de tudo que é dado à experiência, ela se torna o "incontornável do nosso pensamento" (FOUCAULT, 1966, p. 231). A História permite o pensamento, mas constitui também seu limite, na medida em que a própria representação das coisas é, ela própria, histórica.

No início do século XIX, quando os domínios empíricos se desprendem da Representação, adquirem uma forma singular, com historicidades específicas, *exteriores* e *anteriores* aos limites do pensamento representativo. Conforme Foucault, a saída dos domínios empíricos do quadro representativo torna inoperante o conhecimento como ordenação entre ideias; agora são as próprias coisas que têm sua ordem e seu espaço profundo.

O novo modo de ser da História é a finitude, ou melhor, cadeias temporais que perpassam o modo de ser finito de cada domínio do saber na sua própria complexidade. Detrás da opacidade das coisas e de sua indelével espessura há uma finitude insuperável e intransponível. Eis o novo espaço

---

[8] Não se deve confundir a análise histórica, tal como pretende ser a arqueologia, por oposição a uma história no sentido tradicional, e a *epistémê* da História, como forma de ser dos objetos, das palavras e dos seres, tal como emerge no início do século XIX.

do conhecimento moderno: não o transparente, mas o volumoso; não o quadro das sucessões, mas o dos seres na sua constituição finita.

Portanto, uma das descontinuidades fundamentais entre os saberes clássicos e modernos é seu deslocamento do quadro representativo para seu próprio espaço, ou seja, para a complexidade de sua espessura. Descontinuidade antes espacial do que propriamente temporal.[9]

Na Modernidade, surgem os novos domínios de saber da linguagem, da vida e do trabalho que corresponderão às novas ciências da filologia, da biologia e da economia política. As chaves de compreensão de tais ciências são também históricas, a saber, os sistemas gramaticais, as organizações funcionais e as formas de produção. Uma das principais características dos domínios da linguagem, da vida e do trabalho é que, para serem conhecidos, eles deixam de reportar às gêneses ideais e passam a buscar sua fundamentação na própria finitude que os constitui. Entretanto, como não podem ser objetivados por si próprios em virtude de sua finitude positiva, é na região da finitude do homem que buscarão sua legitimidade. Daí que estudar o percurso da finitude nos domínios da vida, do trabalho e da linguagem é, de algum modo, estudar a emergência do homem moderno como ser finito.

A hipótese original de *Les mots et les choses* é que o surgimento do homem como domínio de análise se realiza primeiro na positividade dos saberes. Tais saberes encontram sua verdade na finitude histórica que os especifica e caracteriza.

> Cuvier e seus contemporâneos haviam requerido à vida que ela mesma definisse, na profundidade de seu ser, as condições de possibilidade do ser vivo; do mesmo modo, Ricardo havia requerido ao trabalho as condições de possibilidade da troca, do lucro e da produção; também os primeiros

---

[9] O uso de imagens geométricas para cada época marca o livro *Les mots et les choses*. Como sugere Poetzl-Major (1990, p. 198-208), no pensamento renascentista a "esfera" simboliza a circularidade do saber num período que todo o conhecimento está referido a Deus. Os "quadriláteros" caracterizam os pensamentos clássico e moderno e se referem aos diferentes relacionamentos entre as palavras e as coisas. Já o "triângulo" do pensamento contemporâneo sugere a correlação entre estruturas científicas e epistemológicas que confluem nas ciências humanas. Contudo, é preciso sublinhar que entre os renascentistas e clássicos o tempo funciona como pano de fundo do conhecimento, enquanto que o espaço atuou em primeiro plano. O pensamento clássico era espacial e visual de modo que tudo podia ser representado. Já na Modernidade, o espaço funciona como pano de fundo; e o tempo, se desloca para o primeiro plano. Por isso a biologia, a filologia e a economia não podem ser mais representadas apenas num quadro; já na contemporaneidade o tempo e o espaço emergem juntos como primeiro plano do conhecimento, sendo que já não há pano de fundo para o pensamento, e sim apenas momentos fragmentados e configurações locais.

filólogos haviam procurado, na profundidade histórica das línguas, a possibilidade do discurso e da gramática (FOUCAULT, 1966, p. 323).

A torção das palavras, dos seres e dos objetos de necessidade sobre si próprios posiciona seu conhecimento e sua verdade em outro espaço, que é *seu* próprio espaço. Não mais a região transparente na qual a representação é desdobrada, mas o lugar espesso cuja dobradura interna e própria é exterior a qualquer representação. A representação deixa de ser o lugar do conhecimento; ela é reduzida a mero efeito, simples apreensão dos conteúdos empíricos. Porém, ela agora está aí, ao lado de uma figura empírica que se chama homem.

Ao contrário dos seres vivos, dos objetos de troca e das palavras, a figura do homem tem o poder de fornecer representações. Entretanto, trata-se de representação secundária que não chega a fundá-los.[10] Afinal, os seres se dobram no seu próprio espaço e segundo uma exigência exterior à representação mediante leis da vida, da produção e da linguagem.

A figura do homem finito está alojada no "vão" disposto pelo trabalho, pela vida e pela linguagem. É na lacuna resultante do despedaçamento do discurso clássico que ele é constituído. No entanto, embora comprimido em meio às coisas, às palavras e aos seres, é "requerido" (FOUCAULT, 1966, p. 324) por elas, porque somente por meio de sua abertura finita elas podem ser enunciadas e conhecidas.

Afinal de contas, apenas o homem fala; embora seja visto residindo entre os animais, ele é a extremidade da cadeia evolutiva, sem contar que é princípio e meio de toda produção. Ainda que não tenha seu próprio espaço a figura do homem é ao mesmo tempo *sujeito* e *objeto*, princípio e resultado. "Pensa-se apenas objetos finitos, mas a partir de uma abertura finita do pensamento" (GROS, 1998, p. 44).

Se, efetivamente, há uma verdade do homem na condição de ser finito, ela emerge anteriormente na espessura das coisas: ele vive, fala e trabalha. Designação ambígua, porém, pois ele se encontra, em seu ser próprio, imbricado com forças que não lhe são subordinadas nem homogêneas; antes, ele é dominado pelo trabalho, pela vida e pela linguagem. Sua finitude é anunciada pelo jugo das coisas que pesam sobre ele, pois nelas é que ele

---

[10] Na verdade, essa é uma das teses do livro de Foucault: a de que, na Modernidade, quaisquer tentativas de fundamentação das finitudes empíricas são fracassadas, na medida em que aquele que as funda, o sujeito humano, também é finito. E a lição de Foucault é a de que a finitude não pode fundamentar a si própria.

encontra sua determinação. Como ter acesso então ao homem senão por meio de suas palavras, de seu organismo e dos objetos que ele fabrica?

Desse modo, a verdade não está propriamente *no* homem, mas na relação exterior entre aquelas determinações. Seu pensamento é por elas condicionado. O homem, "desde que pensa, só se desvela a seus próprios olhos sob a forma de um ser que, numa espessura necessariamente subjacente, numa irredutível anterioridade, é já um ser vivo, um instrumento de produção, um veículo para palavras que lhe preexistem" (FOUCAULT, 1966, p. 324).

Aquilo considerado exterior ao homem e mais velho que ele o antecede no momento em que se põe a pensá-los. As exterioridades "vergam-no com toda a sua solidez e o atravessam como se ele não fosse nada mais do que um objeto da natureza ou um rosto que deve desvanecer-se na história" (FOUCAULT, 1966, p. 324). Rosto desvanecido na história, irredutível ao sujeito constituinte: eis a envergadura da finitude do homem anunciada na positividade do saber.

Mas desde logo, a finitude descoberta nos domínios do trabalho, da vida e da linguagem se apresenta instável. Afinal, "não se poderia supor que ela promete também esse *mesmo* infinito que ela recusa, segundo o sistema da atualidade?" (FOUCAULT, 1966, p. 325, grifo nosso). Pode ocorrer que alguns sistemas simbólicos substituam as línguas históricas, que a evolução possa continuar ou, ainda, que o homem deixe de ser limitado pelas suas necessidades. Nesse primeiro momento, quando o homem aparece como figura finita, tais suposições são insustentáveis. A finitude das coisas, na medida em que trata de tal questão, fica na metade do caminho e conduz o pensamento à monotonia.

Para tratar dessa problemática é preciso considerar o homem como abertura finita, como a própria condição dos conhecimentos finitos. A partir daí torna-se possível assegurar que o infinito que promete a finitude moderna não é o *mesmo* infinito que ela recusa, segundo o sistema da atualidade. Antes, trata-se do infinito entendido como indefinido, e, portanto, diferente do sistema da atualidade. Tal precisão merece, é claro, uma digressão.

Nas *Meditações* de Descartes descreve-se a relação entre a potência infinita do conhecimento humano e o atualmente infinito, que é a perfeição divina.

Aparentemente,

> É possível também que eu seja algo mais do que imagino ser e que todas as perfeições que atribuo à natureza de um Deus estejam de algum modo em mim em potência, embora ainda não se produzam e não façam surgir suas ações. Com efeito, já percebo que meu conhecimento aumenta e se aperfeiçoa pouco a pouco e nada vejo que o possa impedir de aumentar cada vez mais até o *infinito*; pois, sendo assim acrescido e aperfeiçoado, nada vejo que impeça que eu possa adquirir, por seu meio, todas as outras perfeições da natureza divina; e, enfim, parece que o poder que tenho para a aquisição dessas perfeições, se ele existe em mim, pode ser capaz de aí imprimir e introduzir suas idéias (DESCARTES, 1973, p. 116-117, grifo nosso).

Para o senso comum, haveria então identidade entre progresso indefinido do conhecimento e a ideia infinita de Deus. No entanto, o olhar atento nota que tal não ocorre:

> Primeiramente, ainda que fosse verdade que meu conhecimento adquire todos os dias novos graus de perfeição e que houvesse em minha natureza muitas coisas em potência que não existem ainda atualmente, todavia essas vantagens não pertencem e não se aproximam de maneira alguma da idéia que tenho da Divindade, na qual nada se encontra em potência, mas onde tudo é *atualmente e efetivamente* (DESCARTES, 1973, p. 117, grifo nosso).

Por isso, não se pode situar no mesmo plano "este infinito que o meu conhecimento é *talvez* capaz de atingir (nada sei dele) e a presença atual do infinito à qual me envia a idéia de Deus" (LEBRUN, 1973 *apud* DESCARTES, 1973, p. 117, nota 85, grifo do autor). Não se trata de comparar duas infinitudes; enquanto a ideia da divindade é infinita atualmente, o conhecimento humano não é infinito, mas potencialmente indefinido, porquanto jamais alcançará a infinitude atual.

Essas noções podem ser compreendidas com maior precisão: há oposição entre o atualmente infinito e o infinito que não se pode distinguir do indefinido. Desconhece-se até onde pode chegar o conhecimento humano. Uma coisa é certa, porém: ele nunca poderia ser atualmente infinito. Por mais alto que seja seu grau de perfeição, sempre será capaz de ser acrescido. Já em relação à perfeição divina, é diferente: ela é concebida como atualmente infinita e em tão algo grau que nada pode ser acrescentado à soberana perfeição que Deus possui. Conclui-se então que o indefinido do conhecimento é um limite em relação ao atualmente infinito.

Desde Kant até a Modernidade, inexistem relações com o infinito atual na questão do conhecimento. Na finitude moderna, permanece somente o conhecimento indefinido. Observa-se, pois, quão difícil é para a positividade do saber que o conhecimento do homem como ser finito seja infinito.

A alternativa dos modernos tem sido tratar da finitude do homem não nos limites da finitude positiva, mas de sua dobra fundamental constituída pela finitude filosófica. Conteúdos empíricos só terão positividade no espaço do saber se estiverem ligados à abertura finita do homem. Consequentemente, a finitude implica tanto os objetos de saber quanto o sujeito da verdade e doador de sentido.

Em tal dobra é o ser finito que atribui a qualquer determinação a possibilidade de aparecer na sua verdade positiva. Daí que o homem não apenas fala, vive e trabalha, mas conhece a vida, o trabalho e a linguagem. "Cada uma dessas formas positivas, em que o homem pode aprender que é finito, só lhe é dada com base na sua própria finitude" (FOUCAULT, 1966, p. 325).

Há ainda o terceiro degrau nesse percurso: o homem não somente fala, vive e trabalha a partir de suas determinações finitas; não apenas conhece a vida, o trabalho e a linguagem a partir de sua abertura finita; agora, ele mesmo é conhecido como objeto, na medida em que vive, fala e trabalha. Deixa de ser visto entre os demais objetos para *tornar-se objeto* para si próprio na medida em que os conhece. Ao conhecer a vida, o homem reconhece a espacialidade de seu corpo; conhecendo o trabalho, ele reconhece sua experiência do desejo a partir da qual as coisas adquirem valor; conhecendo a linguagem, reconhece sua própria linguagem.

No fundamento das positividades empíricas e nas limitações concretas de sua existência, o homem reconhece essa *mesma* finitude "marcada pela espacialidade do corpo, pela abertura do desejo e pelo tempo da linguagem" (FOUCAULT, 1966, p. 326). Assim como os seres vivos são regidos pelas leis da vida, as palavras pelas leis da linguagem, e os objetos de necessidade pelas leis da produção, assim também o homem se reconhece por seu corpo, por seus desejos e por sua linguagem. Portanto, o fundamento positivo do empírico se identifica com o conhecimento dos limites do homem.

Entretanto, somente num segundo momento é que se pode compreender que a finitude do homem é inteiramente *outra* em relação à finitude das coisas: enquanto nessas últimas a finitude é determinação histórica, naquela o limite não é imposto por uma determinação exterior, e sim como abertura fundamental que repousa apenas sobre si própria e abre-se para a positividade de todo limite concreto.

Eis o momento em que a finitude empírica é absorvida seja por um transcendental objetivo seja por um sujeito constituinte, reconhecidos como o *fundamento* de todo conhecimento e de qualquer verdade. A essa altura, esquece-se que na Modernidade a finitude do homem somente o aponta como objeto, *fundado* pela sua historicidade.

A verdade do homem

A emergência do homem moderno se dá mediante um processo ambíguo: ao mesmo tempo é considerado objeto de saber possível das ciências e sujeito de todo conhecimento das filosofias.[11] Mas onde estará sua verdade, na sua condição de objeto ou na sua posição de sujeito? Noutras palavras, em que sentido a filosofia moderna é uma antropologia para Foucault?

A filosofia moderna torna-se antropologia universalista e analítica da finitude quando "confere valor transcendental aos conteúdos empíricos" ou os desloca na direção da "subjetividade constituinte" (FOUCAULT, 1966, p. 261). Vejamos de que modo ela confere valor transcendental aos conteúdos empíricos.

No Capítulo IX de *Les mots et les choses*, o positivismo behaviorista e a dialética são apresentados como exemplos de discursos modernos que conferem valor transcendental aos conteúdos empíricos da natureza e da história, respectivamente.

Aparentemente, tanto a natureza quanto a história são, ao mesmo tempo, conteúdo e forma do conhecimento e, desse modo, não têm necessidade de uma teoria do sujeito ou de uma crítica. Para Foucault, porém, há aí um fundo de crítica, embora obscura, quando o positivismo separa conhecimento rudimentar e conhecimento constituído cientificamente, possibilitando o estudo das condições naturais do conhecimento; há ainda um fundo de crítica quando a dialética opõe ilusão e verdade, ideologia e ciência, permitindo o estudo das condições históricas do conhecimento.

Além dessas divisões obscuras, outra está em jogo: trata-se da separação da própria verdade, entre a ordem do objeto de saber e a ordem do discurso filosófico. Verdade do objeto de saber, que se manifesta pelo corpo e pelos rudimentos da percepção ou que se esboça após a dissipação das ilusões e a desalienação da história. Verdade do discurso, que permite situar sobre a natureza ou sobre a história uma linguagem reconhecida como verdadeira.

---

[11] Referindo-se ao século XIX, Foucault (1994a, p. 663) escreve que com o nascimento das ciências humanas "fazia-se do homem um objeto de conhecimento para que ele pudesse se tornar sujeito de sua própria liberdade e de sua própria existência".

O arqueólogo percebe nessa abordagem uma ambiguidade, pois não se sabe se é a verdade do objeto que prescreve a verdade do discurso, que, por sua vez tem como tarefa descrever sua formação na natureza ou na história (discurso positivista); ou se, pelo contrário, a verdade do discurso filosófico é que define e promete a verdade do objeto, seja a natureza, seja a história (discurso escatológico). Se normalmente a história das ideias apresenta positivismo e escatologia como discursos alternativos, a arqueologia afirma que ambos pensam a partir do objeto, seja ele a natureza, seja a história.

Para o arqueólogo, entre positivismo e dialética há somente "oscilação" da mesma análise que faz valer o empírico como transcendental; análise que supõe "divisões obscuras" e uma "ingenuidade pré-crítica", na medida em que aí o homem aparece "como verdade ao mesmo tempo reduzida e prometida" (FOUCAULT, 1966, p. 331).

Positivismo e escatologia são considerados discursos pré-críticos porque buscam uma verdade *em si*, seja na natureza (positivismo), seja na história (dialética), enquanto que após a crítica kantiana deixam de ser possíveis verdades *em si* para o conhecimento dos objetos. Segue a tese de que a filosofia moderna é antropológica porque ela se situa ao lado da verdade do empírico, ao modo de um transcendental objetivo.

Mas a filosofia moderna é ainda antropologia quando desloca os conteúdos empíricos em direção do sujeito transcendental. Nesse caso, a filosofia absorve as determinações empíricas, anteriores e exteriores ao homem como objeto, em favor de um sujeito constituinte, que se transforma em condição e fundamento daquelas determinações.

Não se trata somente de reduzir o transcendental ao empírico (a natureza e a história), mas de absorver o empírico (vivido) no transcendental (analítica). A questão consistirá em saber se, no discurso arqueológico, a analítica do vivido é apresentada em ruptura com os discursos anteriores ou se ela está inscrita na mesma verdade do positivismo e da escatologia.

Conforme Foucault, a analítica do vivido de Merleau-Ponty "não pôde evitar" a contestação daqueles discursos ingênuos e pré-críticos do positivismo e da escatologia. Em troca, foi preciso erigir o homem como sujeito, qual seja, "como lugar de conhecimentos empíricos, mas reconduzidos o mais próximo possível do que os torna possíveis, e como forma pura imediatamente presente nesses conteúdos" (FOUCAULT, 1966, p. 331).

A analítica do vivido estabelece a comunicação entre o espaço do corpo e o tempo da cultura, determinações naturais e peso da história, sob a condição de que o corpo (e a natureza) seja dado na experiência de uma espacialidade irredutível e de que a cultura (a história) seja experimentada no imediato das significações sedimentadas. Ao contrário do positivismo e da escatologia, Merleau-Ponty estabelece relações entre corpo e cultura, natureza e história.

Merleau-Ponty elabora entre positivismo e escatologia um discurso de "natureza mista" (FOUCAULT, 1966, p. 332) quando articula a objetividade possível do conhecimento da natureza com a experiência originária que se esboça através do corpo mediante o vivido.

Para Foucault, o problema de Merleau-Ponty é que, para ele, o lugar do vivido não é aquele que habita o sujeito transcendental, mas o espaço dos objetos empíricos. Assim, para evitar cair na armadilha dos discursos do objeto que ele contesta, sua solução foi despojar o vivido de seus conteúdos empíricos e deslocá-lo na direção de uma subjetividade ou de uma consciência constituinte.

A tensão kantiana entre o empírico e o transcendental é dissolvida pela absorção do empírico *no* transcendental.[12] O vivido deixa de ser condicionado exteriormente por determinações objetivas; ele mesmo é que, alojado no sujeito, torna-se condição de possibilidade daquelas determinações. Desse modo, o problema da fenomenologia deixa de ser a explicação dos objetos, mas sua descrição a partir da consciência, considerada constituinte e jamais constituída (VEYNE, 1995, p. 174).

A arqueologia do saber indica que a consciência que descreve é sempre enganada pela objetivação histórica do homem. As positividades de uma época *fazem* que o homem seja finito, limitado pelo tempo e pelo espaço histórico. O sofisma consiste em afirmar que a mesma finitude *torna possível* aquela historicidade. Seria elevar em condição de possibilidade transcendental a finitude, considerada o caráter imanente da condição empírica do homem.

Por conseguinte, tanto as análises que se fundamentam no objeto quanto a que se desloca para o sujeito pertencem a uma mesma rede, segundo Foucault. A natureza do positivismo, a história da dialética e o vivido da fenomenologia são ao mesmo tempo conteúdos e formas de

---

[12] Sobre a relação entre Foucault e Kant a respeito da antropologia, ver "Michel Foucault e o problema da antropologia" (CANDIOTTO, 2006b, p. 183-197).

conhecimento. A verdade está situada ou no *objeto*, ou no *sujeito*. Essa é a característica principal do pensamento moderno, sobretudo das filosofias do sujeito. Para a arqueologia, porém, é insustentável uma verdade do homem, seja na condição de objeto, seja na condição de sujeito. A verdade da verdade do homem está no seu exterior, na *epistémê* da finitude moderna.

Discurso e fragmentação do autor

A arqueologia difere da filosofia do sujeito pela sua abordagem, pelo seu objeto e por seu caráter polêmico. Pela sua abordagem, porque se afasta de outros discursos científicos que tratam do sujeito; suas estratégias teóricas independem da escolha consciente dos homens ou constituem a expressão ideológica de práticas sociais, limitando-se ao nível estritamente discursivo. Pelo seu objeto, porque o ponto de inflexão sobre o qual ela se detém deixa de lado as ciências constituídas, como a matemática e a física, para mover-se na região frágil e movediça das chamadas ciências do homem.[13] Pelo seu caráter polêmico, porque, entre aqueles discursos cujos domínios dizem respeito à questão do homem (no sentido de evidência epistemológica), há um deles em relação ao qual ela pretende continuamente escapar, que é o discurso fenomenológico. Nuançar essa última diferença implica a consideração das anteriores.

Em *Préface à l'édition anglaise*, ressalta-se que a arqueologia pretende distanciar-se do discurso fenomenológico por diversas razões: porque este concede prioridade absoluta ao sujeito de observação, atribui papel constitutivo à intencionalidade e situa seu ponto de vista como origem de toda historicidade ao desembocar na "consciência transcendental" (FOUCAULT, 1994b, p. 13).[14]

Contrariamente àquele discurso, a arqueologia opera no nível do "inconsciente positivo do saber" (FOUCAULT, 1994b, p. 9). Ela não nega a

---

[13] A complexidade da arqueologia provém não tanto de si mesma, como estratégia de análise histórica, mas da própria situação instável de seus objetos, geralmente saberes marginais e ignorados, não contemplados pela epistemologia. Esta, ao contrário da arqueologia, visa ciências estáveis e formais, como as matemáticas e a física, razão pela qual não tem sido frequentemente contestada em seu estatuto.

[14] Referência tácita à filosofia de Husserl e seu conceito de intencionalidade. Porém, no livro sobre Foucault, Deleuze observa que a própria fenomenologia já havia superado esse conceito de intencionalidade, como relação da consciência com o objeto (ente), dirigindo-se ao Ser, à dobra do Ser, com Heidegger e Merleau-Ponty. A superação da intencionalidade deu-se pela passagem da fenomenologia à ontologia (DELEUZE, 1986).

possibilidade da história das teorias e dos conceitos; apenas questiona a autossuficiência da consciência transcendental na explicitação da densidade dos discursos científicos. No exterior das fronteiras desse discurso, a arqueologia descreve sistemas de regularidades irredutíveis ao sujeito falante segundo estruturas formais; sistemas que concernem às regras que entram em jogo a partir da existência do próprio discurso. Antes que tratar da verdade do discurso, aborda-se sua própria materialidade: o efetivamente dito e somente ele.

Em *Réponse à une question*, Foucault (1994a, p. 686) precisa que a arqueologia quer ser a história "não do ponto de vista dos indivíduos que falam" e sim da perspectiva das "coisas ditas". Ela opera na consistência do discurso, ao prescindir daquilo que se quis dizer, do fundo que permanece mudo detrás das frases; sua constituição é estabelecida pela "diferença entre o que se poderia dizer corretamente numa época (segundo as regras da gramática e da lógica) e o que é efetivamente dito. O campo discursivo é a 'lei dessa diferença'" (FOUCAULT, 1994a, p. 685).

No discurso há algo que é formado, existe e subsiste, se transforma e desaparece independentemente de um sujeito. Dentre tudo aquilo que uma sociedade pode produzir há antes a formação e a transformação das coisas ditas, do visível efetivamente enunciado.

A análise da representação clássica de *Les mots et les choses* sugere que filósofos, gramáticos, naturalistas, economistas e literatos utilizavam regras de formação análogas para definir os objetos próprios de seu campo de estudo, pronunciar seus enunciados, formar seus conceitos, construir suas teorias e definir suas estratégias, sem que tivessem consciência disso. Noutros termos, utilizavam as mesmas regras para definir as regularidades das suas formações discursivas.

A leitura arqueológica dos saberes de uma época desfaz-se da teoria do sujeito que constitui os objetos a fim de enfatizar as regras que definem as regularidades das formações discursivas, configurando uma "teoria das práticas discursivas" (FOUCAULT, 1994b, p. 9).

São tais práticas, na sua efetividade e regularidade, que condicionam teorias; elas ainda formam os objetos de que falam e os sujeitos que discorrem sobre tais objetos, de modo que nas descrições históricas do arqueólogo deixam de existir objetos definidos pelo sujeito que se identifica com sua consciência reflexiva; ambos ocupam posições e funções derivadas no quadro das regularidades das formações discursivas ou não discursivas de cada época.

A diferença principal entre história arqueológica e filosofia do sujeito é que a primeira suspende a unidade discursiva do objeto e sua fundamentação por parte do sujeito.

Em *L'archéologie du savoir*, Michel Foucault explicita o modo como operam as filosofias, sobretudo as filosofias do sujeito. Elas fazem uso do recurso histórico-transcendental cujo movimento dirige-se da exterioridade para a interioridade; o objeto histórico é deslocado de sua exterioridade ou contingência material e reconduzido para a interioridade de um sujeito que o constitui e lhe dá sentido. Sempre há a subjetividade fundadora detrás da história que lhe atribui um "*status* filosófico no recolhimento do *Logos* ou na teleologia da razão" (FOUCAULT, 1969, p. 159).

Na arqueologia, os objetos são considerados *efeitos* de regularidades discursivas. O objeto "não preexiste a si mesmo [...]; existe apenas sob as condições positivas de um feixe complexo de relações" (FOUCAULT, 1969, p. 61). Algo jamais é objeto para o saber se não houver uma relação histórica que o determine como objeto.

O arqueólogo do saber fragmenta a unidade do objeto para indicar que seu usual "fundamento", o sujeito, também é condicionado pela regularidade das formações discursivas. É o caso da unidade discursiva tradicional de autor, comumente designado como aquele que realiza uma obra.

Aparentemente, a soma de textos que pode ser denotada pelo signo de um nome próprio é considerada uma obra; entretanto, a constituição da obra completa supõe um número de escolhas difíceis de serem justificadas ou formuladas: por exemplo, a obra de um autor se resume nos seus textos publicados ou nela deverão incluir-se também seus rascunhos, projetos, rasuras, correções, cartas e conversas relatadas?

Geralmente, a unidade da obra é utilizada como função de expressão do pensamento, da experiência, da imaginação, do inconsciente ou das determinações históricas às quais um autor está condicionado. Tais usos, contudo, são insuficientes para designar a obra, porquanto as funções de expressão dependem de operações interpretativas variáveis. "A obra não pode ser considerada como unidade imediata, nem como unidade certa, nem como unidade homogênea" (FOUCAULT, 1969, p. 36).

O arqueólogo jamais pretende condenar a unidade da obra. Apenas a suspende provisoriamente para sugerir sua não evidência e exigir que seja esboçada em sua pureza não sintética no campo dos "fatos de discurso" (FOUCAULT, 1969, p. 38). A unidade da obra precisa ser posta em questão porque remete diretamente a uma unidade discursiva fundamental, que é aquela de autor.

Em *Qu'est-ce qu'un auteur?*, Michel Foucault aproxima a dispersão arqueológica do autor da crítica literária contemporânea. À frase de Beckett: "Que importa quem fala; alguém disse: que importa quem fala" (FOUCAULT, 1994a, p. 792), Mallarmé responderia: "a própria Palavra" (FOUCAULT, 1966, p. 394). A recondução do pensamento contemporâneo ao ser da linguagem é incompatível com o ser do homem moderno e, extensivamente, com o ser do autor. Arqueologia e crítica literária são análises que dependem da época contemporânea na qual se encontram, sendo a dispersão do homem sua marca singular.

Ocorre que a arqueologia do saber vai além da indicação da dispersão do autor na literatura contemporânea. Ela tenta abordá-lo a partir do vazio por ele deixado, único lugar sem-lugar onde o pensamento ainda é possível. Eis o espaço onde o próprio arqueólogo se situa.

Na época contemporânea, o ser do autor deixa de ocupar a pletora da consciência a partir da qual realizava uma obra e construía um objeto. No vazio deixado por ele habitam apenas nomes, apropriações, atribuições, posições heterogêneas, enfim, "funções-autor" (FOUCAULT, 1994a, p. 789-803).

Impossível abordar o autor por uma descrição definida ou por um nome próprio ordinário. Igualmente, o autor não é exatamente o proprietário ou o responsável integral de seus textos, na medida em que neles se apropria de outros autores. Além disso, embora o autor seja aquele ao qual pode ser atribuído aquilo que foi dito ou escrito, tal atribuição – mesmo quando se trata de um autor conhecido – é resultado de operações críticas complexas e raramente justificadas. Seja agregado que, dependendo do tipo de discurso ou do livro que escreve, o autor assume posições diversas.

> A função-autor está vinculada ao sistema jurídico e institucional que encerra, determina, articula o universo do discurso; ela não se exerce uniformemente e do mesmo modo sobre todos os discursos, em todas as épocas e em todas as formas de civilização; não é definida pela atribuição espontânea do discurso a seu produtor, mas por uma série de operações específicas e complexas; não reconduz pura e simplesmente a um indivíduo real, podendo dar lugar simultaneamente a diversos ego, em diversas posições-sujeito que classes diferentes de indivíduos podem vir a ocupar (FOUCAULT, 1994a, p. 803-804).

Autor e obra constituem instrumentos, ferramentas de discursos, conjuntos de enunciados. Ainda que seja um autor reconhecido, *Michel Foucault* é *alguém* indeterminado, porquanto deixa de importar quem seja ele e sim como o discurso é enunciado por meio dele. Interessa a materialidade do discurso, sua enunciação, independentemente de quem discursa. Segue o anelo recorrente do arqueólogo: "insinuar-se sub-repticialmente no discurso" que enuncia, "ser envolvido" pela palavra, perceber no ato de falar a continuação de uma "voz sem nome" (FOUCAULT, 1971, p. 5).

Em suma, o autor da obra ou aquele que toma a palavra exerce apenas funções plurais num campo específico de discursividade. A dispersão do sujeito está vinculada à diversidade de funções e posições do autor, tornado entre os contemporâneos um personagem sem rosto.

Michel Foucault opinava que a cena intelectual francesa da segunda metade do século XX havia se convertido em presa da mídia, no sentido de que os "estrelismos" precediam as ideias, a verdade do que é dito dependia da personalidade daquele que enunciava. O próprio Foucault é muitas vezes vítima desse fenômeno. Ao mesmo tempo que os veículos de comunicação assinalavam "Foucault" com uma identidade, seus escritos deixavam de ser efetivamente lidos. Entende-se então a passagem: "Vários, como eu sem dúvida, escrevem para não ter mais um rosto" (FOUCAULT, 1969, p. 28).

A crítica arqueológica da verdade é indissociável do ceticismo metodológico em relação ao sujeito universalista constituinte dos conhecimentos, do autor da obra, da autoridade de quem enuncia discursos. Em *Les mots et les choses* (1966) subsiste a tese de que, se as filosofias e as ciências modernas se fundamentam na verdade do homem, a arqueologia sustenta que a verdade dessa verdade está no seu exterior, qual seja na *epistémê* moderna da finitude. Na configuração do pensamento contemporâneo, a partir da qual a arqueologia se situa, inexiste a relação íntima entre verdade e sujeito constituinte. A materialidade do discurso posiciona de modo plural tanto os sujeitos quanto os objetos de conhecimento.

Capítulo II
Verdade, sujeito e genealogia

O pensamento de Michel Foucault nos anos 1970 é marcado por deslocamentos teóricos, atribuídos tanto à sua militância política, especialmente pela cofundação do Grupo de Informação sobre as Prisões (GIP), quanto à sua nomeação para lecionar na instituição cultural francesa de maior prestígio: o Collège de France.

Com algumas reservas, tais deslocamentos podem estar associados à emergência dos movimentos minoritários de maio de 1968, em Paris, conhecidos por suas reivindicações locais em oposição às práticas institucionais tradicionais que emergiram na Modernidade, obscurecendo a luz da razão tão louvada pela filosofia e pelas ciências. No que concerne ao sujeito, em tais práticas ele fora constituído pela complexa articulação entre estratégias de totalização por parte do poder e de individualização por parte das ciências.

Se a experiência militante de Foucault e o surgimento de novos saberes e práticas explicam em grande medida a nova perspectiva de sua investigação, não faz parte desse trabalho desenvolvê-la, limitando-se a mostrar como seus cursos no Collège de France, livros e conferências reunidos nos *Dits et écrits*, volumes II e III, redimensionam escritos anteriores até *Les mots et les choses*.

Os cursos proferidos no Collège de France a partir dos anos 1970-1971 transformam-se em laboratórios para novas pesquisas articulados com sua vida militante, embora mantenham sua especificidade. Foucault se destaca a partir dessa época como intelectual engajado, de modo que as práticas alimentam as elaborações teóricas e estas são suscetíveis de transformar aquelas mesmas práticas. Nessa condição, ele pode ser considerado além de um simples militante e aquém de um mero professor erudito (MACEY, 1994; ERIBON, 1989; COLOMBEL, 1994).

Os cursos paulatinamente editados e traduzidos[15] não podem ser superestimados nem subestimados. Não podem ser superestimados, pois são análises indissociáveis dos livros publicados. Contudo, trazem a marca da oralidade, sendo que aulas posteriores retomam e resumem as anteriores, ou ainda abandonam o que antes era anunciado. Embora não reproduzam a sistematização dos livros, na medida em que operam como o laboratório de sua escritura, tais cursos não podem ser subestimados. As hipóteses neles desenvolvidas são frequentemente mais ousadas, e algumas ênfases neles trabalhadas nunca foram publicadas pelo autor quando vivo.

No presente Capítulo desenvolve-se a ampliação de domínios proposta a partir de *L'archéologie du savoir* (1969), quando a produção da verdade no jogo de regras discursivas de uma determinada época – a partir de então nomeadas como práticas discursivas – é articulada com práticas não discursivas e suas estratégias de poder. Enfatiza-se ainda como o trabalho de Foucault pode ser pensado nos termos de uma história política da verdade que se opõe ao modelo de crítica radicada na destinação histórica da legitimidade do conhecimento. É hipótese que a diferença entre saber e ciência, bem como a articulação entre verdade e poder exemplificam a crítica renovada proposta pelo pensamento de Foucault aos critérios de verdade estabelecidos pelas ciências do homem modernas a partir do século XIX.

Saber e conhecimento

Uma das denúncias de *L'archéologie du savoir* (1969) é a de que ciências constituídas, sistemáticas e formalizadas se equivocam ao relegar os saberes, considerados como não científicos, para o terreno do erro e da ilusão. A hipótese é que justamente tais saberes constituem o solo de formação de quaisquer ciências. O referencial da estratégia foucaultiana será tomá-los como ponto de partida no estabelecimento dos limites da verdade científica.

---

[15] Os cursos já publicados, sob a direção geral de François Ewald e Alessandro Fontana, são os seguintes: *Leçons sur la Volonté de savoir. Cours au Collège de France. 1970-1971*, 2011; *Le pouvoir psychiatrique. Cours au Collège de France. 1973-1974*, 2003; *Les anormaux. Cours au Collège de France. 1974-1975*, 1999; *Il faut défendre la société. Cours au Collège de France. 1975-1976*, 1997; *Sécurité, territoire, population. Cours au Collège de France. 1977-1978*, 2004; *Naissance de la biopolitique. Cours au Collège de France. 1978-1979*, 2004; *Du gouvernement des vivants. Cours au Collège de France 1979-1980*, 2012; *L'Herméneutique du sujet. Cours au Collège de France. 1981-1982*, 2001; *Le gouvernement de soi et des autres, 1982-1983*, 2008; *Le courage de la vérité: le gouvernement de soi et des autres. Cours au Collège de France, 1983-1984*, 2009.

Por conseguinte, a distinção entre saber e ciências constitui um aspecto maior do posicionamento do filósofo.

Em *L'archéologie*, aquela distinção referencial articula-se por meio da diferença entre positividades e disciplinas. Paradoxalmente, de um lado as positividades podem ser descritas apenas a partir do questionamento dos efeitos das disciplinas e sua história, de sua estranha unidade, de sua dispersão e de suas rupturas; de outro, elas não necessariamente conformarão as disciplinas científicas futuras, se, por disciplina, nesse caso, entendermos um "conjunto de enunciados que tomam emprestado de modelos científicos sua organização, que tendem à coerência e à demonstratividade, que são recebidos, institucionalizados, transmitidos e às vezes ensinados como ciências" (FOUCAULT, 1969, p. 233).

As positividades não são uma alternativa às disciplinas científicas, tampouco configuram estados de conhecimento num momento determinado do tempo. Representam, antes de tudo, o elemento preliminar daquilo que doravante poderá atuar no âmbito da legitimidade científica nos termos do debate entre conhecimento e ilusão, verdade admitida e erro denunciado, aquisição definitiva e obstáculo superado.

Em consequência dessa delimitação, nota-se a diferença entre uma história arqueológica e uma história do conhecimento científico. Ela está situada na ênfase atribuída ao elemento do saber. No conhecimento científico, parte-se da atividade transcendental do sujeito ou da sua consciência empírica; na arqueologia do saber, começa-se pela análise do discurso tomado como prática regrada historicamente. No primeiro caso, o sujeito de conhecimento é condição, enquanto que, no segundo, não passa de *efeito* no jogo de regras discursivas. Pletora da consciência, de um lado; raridade dos fatos discursivos, de outro.

> Ao invés de percorrer o eixo consciência–conhecimento–ciência (que não pode ser liberado do índex da subjetividade), a arqueologia percorre o eixo prática discursiva– saber–ciência. Enquanto a história das idéias encontra o ponto de equilíbrio de sua análise no elemento do conhecimento (encontrando-se, assim, coagida, contra sua vontade, a reencontrar a interrogação transcendental), a arqueo-logia encontra o ponto de equilíbrio de sua análise no saber – isto é, em um domínio no qual o sujeito é necessariamente situado e dependente, sem que jamais possa assumir a figura de titular (seja como atividade transcendental, seja como consciência empírica) (FOUCAULT, 1969, p. 239).

A prática discursiva não coincide com a elaboração científica que pode dar lugar; o saber formado por ela tampouco é subproduto de uma ciência formalizada ou designado como erro. Do ponto de vista arqueológico, o conhecimento científico emerge no elemento de uma prática discursiva e sobre um *fundo* de saber.

A arqueologia prescinde de relações de exclusão ou de subtração entre conhecimento científico e saber; ela pretende mostrar como o conhecimento científico inscreve-se e funciona num fundo de saber, caso, por exemplo, do conhecimento médico da doença mental em relação ao saber da loucura.

Aquilo que, na época clássica, era apresentado como conhecimento médico das doenças do espírito ocupava, no saber da loucura, um lugar muito limitado: não era constituído senão como uma de suas superfícies de afloramento entre muitas outras (jurisprudência, casuística, regulamentação policial, etc.); em compensação, as análises psicopatológicas do século XIX, que também passavam por conhecimento científico das doenças mentais, desempenharam um papel muito diferente e bem mais importante no saber da loucura (papel de modelo e instância de decisão) (FOUCAULT, 1969, p. 241).

Ao objetivar como o saber se transforma em ciência sem que essa o exclua, mas também não se identifique com ele, o arqueólogo afirma que as ciências só encontram seu lugar e têm sua existência na prática discursiva, a qual, por sua vez, não depende daquelas para ser válida.

Além de ter mostrado em *Les mots et les choses* (1966) que nos jogos científicos e construções teóricas a *epistémê* é estabelecida em função do jogo de regras posto em funcionamento pela regularidade dos saberes de uma época e de uma determinada cultura, a arqueologia é redimensionada na medida em que as práticas discursivas podem funcionar também *entre* práticas de *outra* ordem, como a da política e a da economia (FOUCAULT, 1969, p. 242). No fundo, as práticas não são explicadas pela abstração teórica; a articulação entre práticas vizinhas, entre práticas discursivas e práticas não discursivas é que apresenta o vínculo entre saber e poder.

Ainda que o nível pré-conceitual das práticas defina o novo campo da arqueologia, o saber não é mera *expressão* das práticas concretas. Na arqueologia, o nível das práticas deixa de ser a gênese empírica das abstrações ou seu horizonte de idealidade para se tornar o lugar da *emergência* dos conceitos.

O ganho teórico de Foucault diante da nova articulação é a afirmação tácita da não autonomia das práticas discursivas ou da *epistémê* em relação às práticas concretas como ocorre em *Les mots et les choses* (1966).

O que doravante permite determinar a regularidade da regra como critério de valor dos saberes de uma época será a articulação entre práticas discursivas e não discursivas, entre técnicas de saber e estratégias de poder. Tal modo de articulação supõe que as práticas não discursivas (econômicas, políticas, sociais, técnicas) são "atravessadas" (FOUCAULT, 1969, p. 254) pelas práticas discursivas, mas irredutíveis a elas.

Alguns críticos interpretaram a articulação entre o discursivo e o não discursivo como "justaposição" (LECOURT, 1996, p. 53), na verdade, um novo artifício de Michel Foucault para reduzir as práticas históricas a um elemento transistórico.

Uma posição favorável a esse respeito é desenvolvida por Frédéric Gros, para o qual *L'archéologie* deve ser lida pela correlação com dois artigos de 1968, ou seja, *Réponse à une question* (FOUCAULT, 1994a, p. 673-696) e *Sur l'archéologie des sciences. Réponse au cercle d'épistémologie* (FOUCAULT, 1994a, p. 96-131). Tal leitura conjunta conferiria uma clarificação do real sentido da arqueologia, a saber:

> Elaborar os instrumentos de análise que permitam pensar o discurso como uma prática regrada, específica, em meio a outras práticas; esforçar-se por encontrar, entre o transcendental e o ideológico, uma terceira via para descrever o discurso de saber como uma prática regrada, relativamente independente, sem ser absolutamente autônoma, *permeável* em sua própria resistência, às transformações pelas práticas históricas (GROS, 1998, p. 54, grifo do autor).

Ao problematizar as práticas entre si, Foucault contorna a perspectiva da analítica da verdade e sua exigência de uma consciência empírica ou transcendental. Entre a prática regrada do discurso de verdade e as práticas históricas e sociais constituídas por estratégias de poder, não há identidade ou justaposição, mas articulação.

Ainda assim, a análise meramente discursiva da arqueologia não responde por que alguns saberes vêm a se tornar ciências, por que certas positividades poderão ser qualificadas como disciplinas científicas e outras não? Nas palavras de Francesco Paolo Adorno (1996, p. 57), tal questão poderia ser a seguinte:

> Se a ciência é definida como o conjunto unitário de um certo número de enunciados que, ao ultrapassar um conjunto de limiares alcançaram um grau de formalização que o saber não possui, como opera-se essa passagem? Como são justificadas as escolhas que fazem de um saber uma ciência e rejeitam outro na insignificância que acompanha cada época?

Essa é uma das razões que levou Foucault a introduzir a problemática do poder para entender como os saberes num determinado momento e numa cultura específica são reconhecidos como verdadeiros e como outros são desqualificados como falsos.

A questão do poder constituirá critério de inteligibilidade para compreender a passagem da positividade para a ciência. "O poder produz um saber capaz de assegurar e de reiterar o mecanismo de sua própria produção: podemos assim falar de uma verdadeira produção do poder na qual o saber desempenha um papel motor" (ADORNO, 1996, p. 57).

Doravante, o nível arqueológico deixará de referir-se apenas à descrição dos saberes, para articulá-los com estratégias de poder. O lugar da verdade ou do jogo de regras convencionado como verdadeiro é estabelecido entre técnicas de saber e estratégias de poder. Têm início as investigações propriamente genealógicas a partir das quais a verdade é pensada como *efeito*, mera justificação racional de estratégias de poder presentes nas práticas sociais.

Desejo de saber e vontade de verdade

A investigação de Michel Foucault distancia-se da tese segundo a qual as verdades científicas são descobertas resultantes do desejo (natural) de saber. A hipótese genealógica é a de que aquilo normalmente denominado como verdade constitui efeito da vontade (histórica) de verdade observada na articulação entre estratégias de poder e tecnologias de saber.

Aquilo que entre as ciências do homem é convencionado como verdadeiro, para Michel Foucault configura a justificação racional de sistemas excludentes de poder que atuam nas práticas institucionais e científicas, tais como no internamento e no aprisionamento.

No Ocidente, tentou-se apaziguar o pano de fundo obscuro de tais práticas presentes na constituição das ciências do homem, tais como na medicina, na psiquiatria e na criminologia. A verdade de tais ciências tem sido pensada como progresso do processo neutro do conhecimento, do desejo (natural) de saber, deixando de lado o jogo vinculante entre desejo e poder e a vontade (histórica) de verdade que o condiciona.

A apropriação foucaultiana da vontade de verdade de Nietzsche tem como escopo apresentá-la como elemento atuante na constituição e legitimação dos discursos modernos com pretensão à cientificidade por meio do seu controle recorrente.

Na sua inaugural no Collège de France, Foucault (1971, p. 10-11) lança a hipótese:

> Suponho que em toda sociedade a produção do discurso é ao mesmo tempo controlada, selecionada, organizada e redistribuída por certo número de procedimentos que têm por função conjurar seus poderes e perigos, dominar seu acontecimento aleatório, esquivar sua pesada e temível materialidade.

Além de se referir àquilo que é dito, a materialidade do discurso concerne também àquilo que não se diz ou que é assinalado por gestos, atitudes, esquemas de comportamento, organizações espaciais. "O discurso é o conjunto das significações coativas e constringentes que perpassa as relações sociais" (FOUCAULT, 1994c, p. 123).

Em razão do perigo que representa a proliferação do discurso na sociedade, seus poderes são conjurados, seu controle e seleção efetuados por procedimentos excludentes que, por sua vez, recortam objetos e sujeitos, estabelecendo o regime daquilo considerado verdadeiro num domínio determinado. Noutras palavras, o discurso qualificado como verdadeiro é aquele que se impôs sobre outros discursos relegando-os ao terreno do falso e do ilusório, instaurando assim uma ordem. A *ordem do discurso* é o critério normativo para impor significações, identificar, dizer o que é verdadeiro e o que é falso, o que está certo e o que está errado, o que é delirante e o que é racional, nada mais do que um modo de operar separações.

O discurso reconduz à produção de sentido polimorfa: não é apenas um *reflexo* neutro em si mesmo, *expressão* de um estado de coisas já constituído; tampouco é mera *reprodução* de um sistema preexistente. Ele é "campo estratégico" em contínua modificação, espaço de enfrentamento no qual conta a "posição ocupada" por alguém; "arma de poder, de controle, de assujeitamento, de qualificação e de desqualificação [...] o embate de uma luta fundamental" (FOUCAULT, 1994c, p. 123);[16] denota uma força ao modo de operador da relação entre as forças. A ordem do discurso é a articulação dominante de forças que sujeita outros saberes.

---

[16] Por essa razão, aquele designado de anormal ou desviado é excluído da produção do discurso. Posto que as situações jamais são estáveis, em toda sociedade há uma luta entre aqueles que estão em posição de impor significações e aqueles privados dela. Por definição, os segundos são *silenciados*. Reduzir ao silêncio constitui modo fundamental dos procedimentos de dominação pelos quais o poder é exercido. O pensamento de Michel Foucault procura apontar como, por meio da construção de discursos, são fabricados, na verdade, silêncios: loucos, prisioneiros, crianças, mulheres, homossexuais, etc.

Foucault toma distância significativa da abordagem da verdade no nível de seu conteúdo proposicional.

> Certamente, *se* nos situamos no nível de uma proposição, *no interior de um discurso*, a separação entre o verdadeiro e o falso não é nem arbitrária, nem modificável, nem institucional, nem violenta. Mas *se* nos situamos numa *outra escala*, se colocamos a questão de saber qual foi, qual é constantemente, através de nossos discursos, essa *vontade de verdade* que atravessou tantos séculos de nossa história, ou qual é, em sua forma muito geral, o tipo de separação que rege nossa vontade de saber, então é talvez algo como um sistema de exclusão (sistema histórico, modificável, institucionalmente constrangedor) que vemos esboçar-se (FOUCAULT, 1971, p. 16, grifos nossos).[17]

A separação histórica entre o verdadeiro e o falso produzida pela vontade de verdade é tratada como procedimento de exclusão, ao lado da partilha entre razão e loucura e da prática da interdição. No entanto, a interdição é o sistema de exclusão maior, pois evidencia que não se pode falar de qualquer objeto em qualquer circunstância e mediante qualquer sujeito. Todos esses procedimentos de exclusão têm em comum serem "arbitrários, modificáveis, institucionais e violentos" (FOUCAULT, 1971, p. 16-21), impensáveis numa escala de verdade proposicional.

A vontade de verdade responsável pela separação entre o verdadeiro e o falso é qualificada como uma "prodigiosa maquinaria destinada a excluir". Ela subsume os demais procedimentos de exclusão, posto que pretende "justificar o interdito e definir a loucura" (FOUCAULT, 1971, p. 22). Vale ressaltar que nessa outra escala o fato de questionar a vontade de verdade configura a interdição suprema, na medida em que é dela que "menos se fala" (FOUCAULT, 1971, p. 21). Justamente, é sobre ela que Foucault estende sua enunciação.

A análise foucaultiana toma distância da escala da verdade produzida no interior do discurso, que se propõe neutra e impermeável ao poder e ao desejo; antes, ela pretende questionar a vontade de verdade mesclada ao desejo e ao poder presente na própria constituição de uma discursividade qualificada como verdadeira.

---

[17] Dominique Janicaud enfatiza a importância do condicional "se", na passagem da lição de Foucault. Para ele, trata-se de uma hipótese de trabalho diferente da perspectiva tradicional, de uma "outra escala" que é o elemento revelador de um "não-dito alojado nas relações de submissão, de exclusão, de violência não manifestas pelo envolvimento do discurso sobre si, nem pela auto-referência da filosofia como *lógos* soberano". Foucault não pretende invalidar o nível do discurso racional, mas "ampliar o horizonte, fazer arqueologicamente aparecer essa 'vontade de verdade' que subentende a autoconstituição do verdadeiro, segundo relações que talvez não sejam simples e que se busca decifrar" (JANICAUD, 1988, p. 347).

Merece ser destacado que também existem outros procedimentos de exclusão interiores ao discurso, tais como o comentário, o autor e a disciplina. Denotam princípios de ordenação, de classificação e de distribuição que tentam controlar o "acontecimento" e o "acaso", tradicionalmente desqualificados como obstáculos à credibilidade do discurso verdadeiro. O comentário procura dizer *enfim* o que estava articulado no *texto primeiro*; ele busca um significado não dito por detrás daquilo que é dito. Quanto ao autor, não é visto como "indivíduo falante que pronunciou ou escreveu um texto, mas [...] como princípio de agrupamento do discurso, como unidade e origem de suas significações, como foco de sua coerência" (FOUCAULT, 1971, p. 28). "O comentário limitava o acaso do discurso pelo jogo de uma *identidade* que teria a forma da *repetição* e do *mesmo*. O princípio do autor limita esse mesmo acaso pelo jogo de uma *identidade* que tem a forma da *individualidade* e do *eu*" (FOUCAULT, 1971, p. 31, grifos do autor). Por sua vez, "uma disciplina não é a soma de tudo o que pode ser dito de verdadeiro a respeito de alguma coisa; tampouco é o conjunto de tudo o que pode ser aceito, a propósito de um mesmo dado, em virtude de um princípio de coerência ou de sistematicidade" (FOUCAULT, 1971, p. 32-33). Por exemplo, não é o enunciado da verdade da doença mental que define totalmente o que é a psicologia.

A pura e simples *verdade* não é condição suficiente para que uma proposição pertença a uma disciplina; para que tal aconteça, ela precisa obedecer à *vontade de verdade* de um momento determinado no âmbito do seu jogo de regras, o que é observado frequentemente na rarefação do verdadeiro na disciplina científica.

Para ser qualificada como verdadeira e constitutiva da disciplina científica uma proposição precisa estar "na verdade" (FOUCAULT, 1971, p. 36), o que implica fazer parte de um horizonte teórico determinado, de uma prática de rarefação. Para Michel Foucault, repartir o discurso e fazê-lo pertencer à disciplina científica a partir de uma vontade (histórica) de verdade é o empenho maior da comunidade científica de uma época, deixando muitas vezes de lado a avaliação do que *é* o discurso e seu valor de verdade.

É o caso de Mendel que no século XIX afirmava o traço hereditário como objeto biológico novo, isolando-o da espécie e do sexo que o transmite; novo também era seu domínio, que é a série indefinidamente aberta das gerações na qual o traço hereditário aparece segundo regularidades estatísticas. Sabe-se que Mendel dizia a verdade, mas não estava *na verdade* da biologia de seu tempo, pois o quadro teórico de tal disciplina não reconhecia tais domínios e tal objeto. Foi preciso uma mudança de escala, o desdobrar de um novo plano de objetos na biologia para que sua hipótese fosse situada *na verdade*, e suas proposições, em boa parte, qualificadas como verdadeiras. Já o discurso de Schleiden, que negava em pleno século XIX a sexualidade vegetal, estava incorporado na biologia de seu tempo. Seu discurso estava *na verdade* porque se submetia às regras do discurso verdadeiro da época, ainda que fosse apenas um "erro disciplinado" (FOUCAULT, 1971, p. 37).

Se no interior da disciplina há a possibilidade do erro-disciplinado, significa que no seu exterior existe a probabilidade da verdade não disciplinada. Ainda que no exterior das ciências haja a experiência imediata e as crenças sem memória, não se pode dizer que aí habita o erro sem mais, visto que aquilo normalmente atribuído como erro é definido no âmbito frágil e provisório de uma prática histórica definida.

Foucault atribui a Georges Canguilhem o mérito de ter apontado a rarefação interna dos discursos científicos. Se Nietzsche afirma que verdades são erros irrefutáveis do homem,[18] Canguilhem propõe que, no amplo calendário da vida, a verdade constitui o erro mais recente; "a separação verdadeiro-falso assim como o valor atribuído à verdade constituem a maneira de viver mais singular inventada por uma vida que, do fundo de sua origem, trazia consigo a eventualidade do erro" (FOUCAULT, 1994d, p. 775).

Foucault afasta-se da posição de que a história das ciências é a história da descoberta progressiva de uma verdade inscrita nas coisas ou no intelecto; tampouco se identifica com uma história das ideias e das condições de seu aparecimento e transformação.

> Na história das ciências não se pode considerar a verdade como adquirida, mas tampouco se pode fazer a economia de uma relação ao verdadeiro e à oposição entre verdadeiro e falso. *Essa referência à ordem do verdadeiro e do falso é que dá a tal história sua especificidade e sua importância.* (FOUCAULT, 1994d, p. 769, grifo nosso).

Ainda que tal perspectiva tenha sido pensada a partir da inspiração dos trabalhos de Canguilhem, vale ressaltar que Michel Foucault não é um

---

[18] "Em última análise, que são as verdades do homem? – São os erros *irrefutáveis* do homem" (NIETZSCHE, 1993b, p. 163, grifo do autor). Tais verdades não podem ser refutadas porque o cozimento da história as tornou inalteráveis.

"historiador das racionalidades" (FOUCAULT, 1994d, p. 775), cujo ponto de partida é a análise do erro e suas retificações em vistas da proposição de problemas filosóficos; sua análise tampouco se limita a saber quais efeitos contingentes penetram uma ciência a partir do momento em que ela tem uma história numa sociedade determinada. Antes, ele quer elaborar a *história da própria verdade*.

> Em vez de perguntar a uma ciência em que medida sua história reaproximou-a da verdade (ou proibiu-lhe o acesso a esta), não seria preciso antes dizer que a verdade consiste numa certa relação que o discurso, que o saber entretém consigo e perguntar se tal relação não é ou não tem ela mesma uma história? (FOUCAULT, 1994d, p. 54).

Constitui aspecto relevante da apropriação foucaultiana do pensamento de Nietzsche a indicação de que a racionalidade de uma ciência não precisa necessariamente ser medida pela verdade que ela possa produzir; pelo contrário, como pano de fundo daquela racionalidade persiste a arbitrariedade e o acaso, um ritual que envolve desejo e poder.

Após ter apresentado a atuação da vontade de verdade como mecanismo de rarefação excludente na partilha entre o verdadeiro e do falso nos discursos com pretensão científica, o Foucault genealogista quer saber por quais razões no pensamento ocidental escolheu-se aquela *outra escala*, ou seja, a da verdade neutra, purificada do desejo de poder? Em que aspectos a filosofia de Platão e Aristóteles, em nome do desejo (natural) de saber, expurgou de seu domínio o caráter dramático da vontade de verdade provocando a primeira grande separação histórica no pensamento ocidental?

Tais questões remetem à passagem na qual Foucault apresenta a diferença entre a poesia trágica grega do século VI a.C. e o discurso platônico dos séculos V e IV a.C. Entre os trágicos, era verdadeiro o discurso:

> [...] pronunciado por quem de direito e conforme o ritual requerido; era o discurso que ditava a justiça e atribuía a cada qual sua parte; era o discurso que, profetizando o porvir, não somente anunciava o que ia acontecer, mas contribuía para a sua realização, suscitava a adesão dos homens e se tramava assim com o destino (FOUCAULT, 1971, p. 17).

A verdade do discurso estava situada no acontecimento de sua *enunciação*, no que ele "fazia" e no que ele "era", deixando de lado o conteúdo do seu *enunciado*, aquilo que ele "dizia". Importante é o acontecimento arbitrário do discurso, e não tanto a proposição discursiva; o poder e o desejo é que fazem que o discurso seja aquilo que ele é.

A emergência da vontade (histórica) de verdade que ainda nos rege ocorre apenas quando a verdade deixa de ser ato ritualizado, eficaz e justo de enunciação e se dirige para o sentido, para a forma, para o objeto, para seu enunciado.

Platão introduz a separação histórica que rege e dá forma à nossa vontade de verdade quando diferencia discurso verdadeiro e discurso falso, verdade e opinião em virtude da análise do seu conteúdo, do seu enunciado.

O discurso verdadeiro deixa de ser precioso e desejável porque prescinde da vinculação em relação ao desejo e ao poder. Liberto do desejo e liberado do poder, o discurso verdadeiro renuncia reconhecer a vontade de verdade que o atravessa.

A partir da separação platônica tem-se o predomínio de uma história da verdade neutra e alheia a quaisquer coerções e interesses, como se estes fossem exteriores à própria *verdade*. É o que ocorre, por exemplo, no século XVII, quando a verdade científica é postulada como "história dos planos de objetos a conhecer, história das funções e posições do sujeito cognoscente, história dos investimentos materiais, técnicos, instrumentais do conhecimento" (FOUCAULT, 1971, p. 19).

A genealogia foucaultiana aponta que a verdade resultante de tais histórias está apoiada em sistemas institucionais, tais como o espaço das sociedades científicas da época, das grandes bibliotecas e, recentemente, nos laboratórios de última geração. Além disso, a verdade das ciências depende de como o saber é valorizado, repartido e atribuído numa sociedade dada. Em virtude de tal suporte institucional é que a *verdade* das ciências continua sendo guiada por uma *vontade (histórica) de verdade* que exclui outros saberes incabíveis na sua ordenação e distribuição.

A escolha pela escala da dramatização histórica da verdade no pensamento de Foucault implica apontar a emergência de tal separação e, depois dela, seus desdobramentos nas práticas sociais no Ocidente. A *história da verdade* que Foucault busca elaborar procura resgatar os procedimentos, as tecnologias, as técnicas de enunciação da verdade com as quais se vinculam o desejo e o poder. Não se infirma que no conhecimento científico haja a descoberta de novas verdades, de novos enunciados verdadeiros; o que se destaca é que tais descobertas podem ser pensadas a partir do "aparecimento de novas formas na vontade de verdade" (FOUCAULT, 1971, p. 18). Por conseguinte, o desejo natural de saber manifesto pela história da filosofia e mais tarde desdobrado na história tradicional das ciências pela ideia de neutralidade em relação ao poder é pensado pela genealogia nos termos da imposição da vontade histórica de verdade que deslocou a emergência da verdade na poesia trágica grega.

Daí a importância do curso *La volonté de savoir* (FOUCAULT, 1994b, p. 240-244) no qual são apresentadas as diferentes abordagens a respeito da expressão "vontade de saber". No sentido antropológico, ela indica a curiosidade, a necessidade de dominar ou de se apropriar pelo conhecimento, a angústia diante do desconhecido, etc.; ela é atribuída ainda aos tipos de interesse de uma época e seu sistema de valores.

Sem desprezar tais designações, para Foucault a melhor maneira de compreender os diversos instrumentos que atuam na "vontade de saber" seria partir da investigação dos estudos históricos e das análises concretas, a começar pela história da filosofia. Nessa história, duas matrizes de abordagem da vontade de saber são estudadas: a aristotélica e a nietzschiana.

No início da *Metafísica* de Aristóteles (1973, p. 211) lê-se que "todos os homens têm, por natureza, o desejo de saber; o prazer causado pelas sensações é a prova disso, porque, no exterior mesmo de sua utilidade, elas nos causam prazer por si mesmas e, sobretudo, as sensações visuais". Além do vínculo entre sensação e prazer, da sua independência em relação à utilidade vital que a sensação pode comportar, da proporção direta entre a intensidade do prazer e a quantidade de conhecimento liberada pela sensação, há ainda uma incompatibilidade entre a verdade do prazer e o erro da sensação.

Outro aspecto a ser destacado é a modalidade de sensação privilegiada por Aristóteles, que é a da percepção visual: trata-se de sensação a distância, de objetos múltiplos, sem relação imediata com a utilidade do corpo; a satisfação manifesta pela percepção visual traz consigo o vínculo entre conhecimento, prazer e verdade. Transposto ao extremo filosófico, tal vínculo será identificado com a felicidade da contemplação teórica. A universalidade e a naturalidade do desejo de saber estão fundadas na pertença primeira da sensação. O desejo (natural) de saber assegura a passagem da sensação visual à contemplação teórica. A razão do desejo (natural) de saber é alcançar a contemplação da verdade e o que ela nos diz, seu conteúdo e enunciado. Nesse aspecto, a leitura foucaultiana da posição de Aristóteles aproxima-se das conclusões a respeito da leitura de Platão. Em ambos prevalece a ideia de neutralidade, de universalidade, de pureza natural do sujeito que conhece como condição para alcançar a verdade. Mas não se trata aí justamente de uma modalidade da vontade (histórica) de verdade?

A genealogia e o sujeito

A genealogia de Michel Foucault distancia-se da tese segundo a qual o conhecimento da verdade exige como pré-condição o sujeito puro de conhecimento.

No resumo do curso *La volonté de savoir*, de 1971, o genealogista da verdade pensa o conhecimento e o sujeito que conhece a partir da denominada "hipótese nietzschiana". Para o autor de *Gaia ciência*, o conhecimento é invenção, regido por um princípio de exterioridade efeito da vontade de apropriação, eminentemente interessado e dependente daquilo que é desejável pelos instintos que o dominam. O modo singular de produzir o conhecimento é o processo inicial de falsificação efetuado em torno da partilha entre o verdadeiro e o falso.

Foucault (1994b, p. 244) ressalta que a consequência disso é que o vínculo direto comumente admitido entre *conhecimento* e *verdade* é desfeito na medida em que "em si mesma, a verdade é apenas um efeito – e o efeito de uma falsificação que nomeamos pela oposição entre o verdadeiro e o falso". A verdade é produzida no jogo histórico das práticas concretas de poder. Há imposição da vontade histórica, rarefeita e exterior que atua na produção de verdades interessadas.

Foucault (1971, p. 22) denuncia, com Nietzsche, a associação tradicional da verdade com "riqueza, fecundidade, força doce e insidiosamente universal". Para Nietzsche, é infrutífero vincular a verdade à universalidade posto que ela se encontra atrelada ao conjunto das "aparências, dissimulações e injustiças" que atuam na negação da vida. Vontade de verdade, nesse caso, é indissociável de "vontade de morte" (NIETZSCHE, 1993a, p. 207, § 344). Na medida em que a vida é imoral e favorece o inescrupuloso, a fé na ciência situa a verdade num "outro mundo" (NIETZSCHE, 1993a, p. 208). Se a vontade de verdade faz parte das aparências, a própria verdade não pode ser *desse* mundo. Ao negar *nosso* mundo dissimulado e excludente, a fé na ciência é estabelecida como "crença metafísica" (NIETZSCHE, 1993a, p. 208). Afirmar a universalidade da verdade significa prolongar a fé platônico-cristã baseada na concepção de que Deus é a verdade, e de que a verdade é divina.

Sem embargo, nada disso poderia ser sustentado se a verdade deixasse de ser divina e se o próprio Deus passasse a ser designado como "nossa mais longa mentira" (NIETZSCHE, 1993a, p. 208). A crítica do conhecimento, na perspectiva genealógica, implica a denúncia da vontade de verdade e sua "maquinaria destinada a excluir" (FOUCAULT, 1971, p. 22). Situar a verdade a partir da vontade (histórica) de verdade significa sugerir que ela é *deste* mundo, nada mais que *efeito* de verdade desprovido do caráter de universalidade.

Merece ser destacado que a crítica do conhecimento da verdade é inseparável da crítica do sujeito de conhecimento.

Desde seus primeiros escritos, Foucault tem apontado que os critérios de verdade estabelecidos pelo conhecimento científico, de modo especial aquele das chamadas ciências do homem, são insuficientes quando deduzidos de uma fundamentação antropológica e universalista. Desde sua emergência até seu iminente desaparecimento, o homem tem um estatuto ambíguo, ao mesmo tempo objetivado no conteúdo positivo do saber *e* elevado a sujeito de fundamentação dos conhecimentos. Daí o propósito de desfazer-se *desse* sujeito, a fim de apontar sua constituição histórica e sempre provisória.

> É preciso livrar-se do sujeito constituinte, livrar-se do próprio sujeito, isto é, chegar a uma análise que possa dar conta da constituição do sujeito na trama histórica. É a isto que eu chamaria de genealogia, isto é, uma forma de história que dê conta da constituição dos saberes, dos discursos, dos domínios de objeto etc., sem ter que se referir a um sujeito seja ele transcendental com relação ao campo de acontecimentos, seja perseguindo sua identidade vazia ao longo da história (FOUCAULT, 2000, p. 7).[19]

Enquanto no kantismo reinante do final do século XIX o conhecimento depende de formas subjetivas de tempo e espaço, enquanto no platonismo ele está associado à reminiscência de uma origem primeira, Nietzsche afirma que o conhecimento é invenção (*Erfindung*), e não repetição da "origem" (*Ursprung*).

Na primeira de uma série de conferências realizadas no Rio de Janeiro em 1973, intituladas *A Verdade e as formas jurídicas* (1994b, p. 538-646), Foucault indica que em grande parte dos textos nietzschianos o termo *Erfindung* quase sempre é oposto a *Ursprung*. Exemplo disso é a passagem de *Le gai savoir* quando Nietzsche repreende Schopenhauer por ter atribuído como núcleo essencial e originário – *Ursprung* – da religião um sentimento metafísico universal, presente em todos os homens. Para Nietzsche, a religião não tem origem essencial e prescinde de tal sentimento universal, na medida em que é "invenção histórica" (*Erfindung*) (NIETZSCHE, 1993b, p. 217-218, §353).

---

[19] Para o conceito de genealogia, ver NIETZSCHE, 1993a, p. 741-889. Sobre o significado do termo e seu uso por Nietzsche, ver PASCHOAL, 2003, p. 67-89. Para um estudo sobre a importância do conceito na investigação de Michel Foucault, ver MUCHAIL, 2001, p. 7-11.

Erfindung designa tanto o começo mesquinho, baixo e ínfimo de algo quanto a ideia de ruptura. A partir da primeira designação, não apenas a religião, mas também a moral e o conhecimento encontram sua emergência. A contraposição entre "bem" e "mal"[20] e a oposição entre "verdade" e "mentira" não têm origem essencial e pressuposto universal; são assim reconhecidas por causa da sedimentação de interpretações impostas historicamente ao infinito a partir de invenções mesquinhas e obscuras estabelecidas a partir da luta entre forças heterogêneas. Nietzsche indica o lugar da pesquisa histórica nas meticulosidades ínfimas das invenções e interpretações, em oposição aos começos solenes.

Algo similar acontece com o conceito de conhecimento. Afirmar sua invenção significa negar-lhe uma origem primeira. Não há na natureza humana um conhecimento da verdade encarquilhado. Ainda que ele possa ser atribuído aos instintos, não está inscrito *neles*, mas na sua *luta* e no seu *jogo*. Metaforicamente falando, o conhecimento emerge da batalha entre instintos numa instância de superfície; ele é "uma centelha" (FOUCAULT, 1994b, p. 545) produzida pelo choque entre duas espadas sem identificar-se com o metal que as constitui; pode ser ainda pensado como a *poeira* ou o efeito resultante do enfrentamento entre forças diferentes. Portanto, a primeira consideração sobre o conhecimento é a de que ele é invenção ínfima e de pouca glória, *Erfindung*.

Mas *Erfindung* designa também ruptura radical, o distanciamento entre conhecimento e mundo a conhecer semelhante à distinção entre conhecimento e natureza humana. O conhecimento não faz parte *dos* instintos ou *dos* objetos do mundo; está situado entre a natureza e o mundo, sem lhes pertencer. O que existem são objetivações, na medida em que não há objetos naturais a serem conhecidos.

Contrariamente à concepção cartesiana que entende a existência de uma ordem no mundo passível de apreensão intelectual, Nietzsche afirma que o conhecimento luta contra um mundo que tem sua necessidade, mas desprovido de ordem, encadeamento, beleza, sabedoria e harmonia.[21] Tanto

---

[20] Primeira dissertação: "Bem e mal", "Bom e mau". Ver NIETZSCHE, 1993a, p. 777-801.

[21] "A condição geral do mundo é, pelo contrário, desde toda a eternidade, o caos, não pela ausência de uma necessidade, mas no sentido de uma falta de ordem, de estrutura, de forma, de beleza, de sabedoria e quaisquer que sejam nossas categorias humanas estetizantes" (NIETZSCHE, 1993b, p. 122, §109). Nietzsche agrega que na natureza não há leis conforme as quais uns mandam e outros obedecem; tampouco há fins, o que significa que não há o seu oposto, que é o acaso. O acaso só tem significado num mundo de fins.

na relação entre natureza humana e conhecimento quanto na imbricação entre conhecimento e mundo deixa de existir continuidade natural, mas luta entre forças. Da "relação de violência, de dominação, de poder e de força, de violação" (FOUCAULT, 1994b, p. 546) é que se impõe uma interpretação qualificada como verdadeira. Sem apresentar-se primeiramente como percepção ou reconhecimento, a verdade do conhecimento emerge a partir da violência do mundo a ser conhecido.

Das duas designações de *Erfinding* desdobra-se uma dupla ruptura com a tradição filosófica ocidental da qual o momento cartesiano é o apogeu.

Para começar, a ruptura da relação de continuidade entre conhecimento e mundo. Nietzsche desarticula a harmonia entre teoria do conhecimento e fundamentação teológica pela qual a figura Deus atua como princípio que assegura a *adequação* entre conhecimento e mundo a conhecer. A partir do momento em que se nota a inexistência de qualquer articulação entre conhecimento e mundo, a partir do instante em que entre eles só pode haver relações de poder e de violência, a garantia divina de tal articulação deixa de ser necessária.

Em seguida, desde que se afirma existir entre conhecimento e natureza instintiva somente ruptura, relações de dominação e de servidão, o próprio sujeito, na sua unidade e soberania, é que desaparece. Na tradição inaugurada por Descartes e que segue com Kant, a unidade do sujeito *da* verdade é assegurada pela continuidade entre desejo e conhecimento, instinto e saber, corpo e verdade. Mas se com Nietzsche, por um lado, têm-se mecanismos instintivos e jogos de desejo, e, por outro, tem-se o conhecimento sem qualquer vínculo em termos de natureza, então a continuidade que vai do instinto ao saber e que assegura a unidade do sujeito deixa de ser necessária. Existe somente a pluralidade de sujeitos ou modos de subjetivação plurais.

A questão é saber até que ponto os instintos podem produzir verdade, sem que esta tenha qualquer participação de sua natureza? Para isso, Foucault recorre ao §333 de *Le Gai savoir*. À pergunta sobre o que é conhecer, Espinosa responde que ele não consiste em rir, deplorar, detestar, mas compreender; Nietzsche inverte o raciocínio, no sentido de que compreender é justamente efeito do jogo estabelecido entre rir, deplorar, detestar (NIETZSCHE, 1993b, p. 193).

Todas estas pulsões que estão na raiz do conhecimento e o produzem têm em comum o distanciamento do objeto, uma vontade ao mesmo tempo de se afastar dele e de afastá-lo, enfim de destruí-lo. Por detrás do conhecimento há uma *vontade*, sem dúvida obscura, não de conduzir o objeto para si, de se identificar com ele, mas, pelo contrário, uma *vontade obscura* de se afastar dele e de destruí-lo (FOUCAULT, 1994b, p. 548, grifos nossos).

Vale observar que tais impulsos são todos da ordem das más relações. Na raiz do conhecimento e da verdade atuam relações de desprezo, temor e ódio, diante da ameaça dos objetos a serem conhecidos.

Pela apropriação foucaultiana de Nietzsche torna-se possível delinear a genealogia da verdade: a verdade é produzida valendo-se de um jogo a partir do qual deixa de ser relevante a referência da natureza humana ou do mundo, já que eles inexistem como objetos já dados. Não há unidade na verdade, mas sistemas precários de poder. Para saber a emergência daquilo que normalmente é qualificado como verdadeiro é preciso aproximar-se antes dos políticos e de suas lutas pelo poder do que dos filósofos e de suas verdades essenciais. No seu aspecto genealógico, a verdade é pensada sempre como estratégia a partir da qual alguém se encontra situado, prescindindo da fundamentação de um sujeito universal.

Assim como para Nietzsche, a verdade para Foucault é perspectiva, depende de um ângulo determinado e de uma tática peculiar. Contudo, poder-se-ia dizer que Foucault tece suas elaborações a partir de domínios próprios. À diferença de Nietzsche, não se contenta em discutir teses filosóficas a respeito da verdade do sujeito, mas examina as práticas sociais em meio às quais ela emerge, se transforma e desaparece.

CAPÍTULO III
Verdade e sujeição da subjetividade

No segundo Capítulo foi destacado que a problemática da verdade no pensamento de Foucault é abordada mediante a proposição de uma política da verdade, sustentada pelo conceito de vontade (histórica) de verdade. No processo de constituição e funcionamento das ciências do homem no século XIX, pelo menos a partir de seus critérios de objetividade e de sistematicidade identificados ao lado das ciências já formalizadas, não houve descoberta de uma verdade específica sobre o mesmo.

Na medida em que as ciências do homem e a filosofia moderna – ou uma de suas vertentes – atribuem-lhe uma verdade, na condição de objeto ou de sujeito, ignoram sua dispersão entre os saberes empíricos como ser vivente, trabalhador e falante. De onde a insistência em apontar a precariedade da vida diante da certeza da morte, a provisoriedade do trabalho frente ao desgaste do corpo, a incerteza da linguagem diante da afasia.

A heterogeneidade dos domínios percorridos até aqui tem como fio condutor uma crítica singular que renuncia apoiar-se nos critérios de legitimação histórica do conhecimento verdadeiro, ao mesmo tempo em que opta pela estratégia da articulação entre mecanismos de poder e técnicas de saber. Um dos efeitos de poder que tal articulação proporciona é a sujeição da subjetividade.

Nesse aspecto, tem sido enfatizado que a proposta da história crítica da verdade de Michel Foucault prescinde da delimitação de proposições verdadeiras para debruçar-se nas práticas históricas a partir das quais os enunciados são produzidos e reconhecidos como verdadeiros. Importa muito mais a dramatização que atua na produção da verdade e não tanto o conteúdo proposicional que a constitui.

Se, por um lado, uma filosofia crítica pode ser considerada não como a que parte da admiração de que o ser existe, mas a que se surpreende de que haja verdade, por outro, há duas modalidades de filosofia crítica que tratam do problema da verdade. Uma pergunta em quais condições pode haver enunciados verdadeiros – seja por suas condições formais, seja por suas condições transcendentais; a outra, em vez de interrogar a verdade a partir das condições e limites do sujeito de conhecimento, trata das formas históricas de veridição (FOUCAULT, 1981a).[22]

Por formas históricas de veridição são designados mecanismos e procedimentos, estratégias e táticas de poder que atuam na produção de discursos qualificados como verdadeiros. Em vez de saber como um sujeito universal pode conhecer um objeto em geral, indaga-se em que sentido os sujeitos estão efetivamente vinculados *nas* e *pelas* formas de veridição e por que se submetem a elas? Tampouco se trata de determinar os acidentes históricos, as circunstâncias extremas, o mecanismo das ilusões ou das ideologias ou, ainda, a economia interna dos erros ou das faltas lógicas que puderam produzir o falso, mas descrever como um modo de veridição, como um jogo de verdade pôde emergir na história e em quais condições.

O primeiro momento do presente Capítulo esboça em que sentido a crítica na qual se inscreve a investigação de Foucault prescinde da história do conhecimento da verdade, na medida em que pretende elaborar uma história política das veridições. Releva-se até que ponto tal história afasta-se de uma "polícia discursiva"[23] ou renuncia a utilização de um instrumento geral para fixar as condições a partir das quais os enunciados poderão ser qualificados como verdadeiros.

Após ter apontado nos capítulos anteriores como o sujeito para Foucault não é constituinte da verdade, mas sempre constituído por ela; que a delimitação para compreender a verdade do eu consiste no entendimento da produção de discursos; que tais discursos têm um vínculo indissociável

---

[22] Referência ao ciclo de conferências realizado na Faculdade de Direito e na Escola de Criminologia da Universidade Católica de Louvain em 1981, intitulado *Mal faire, dire vrai. Fonctions de l'aveu*. Disponível em texto datilografado nos Arquivos do IMEC, agora situado na Abbaye d'Ardennes, Basse-Normandie, França. Notação: D 201. Por se tratar de texto avulso, as citações são acompanhadas somente da data.

[23] Foucault distingue sua crítica da verdade da concepção de verdade resultante da polícia discursiva, tal como é caracterizada na lição inaugural no Collège de France, em 1970: "É sempre possível dizer o verdadeiro no espaço de uma exterioridade selvagem; mas *não estamos no verdadeiro* senão obedecendo às regras de uma 'polícia' discursiva que temos que reativar em cada um de nossos discursos" (FOUCAULT, 1971, p. 37, grifo nosso).

com as estratégias de poder, na sequência será analisado um dos canteiros históricos mais significativos de constituição da verdade sobre o eu, que são as práticas confessionais.

Pretende-se, pois, identificar as formas de obrigação plurais pelas quais os sujeitos são constituídos como tais pelos discursos de verdade a respeito de si mesmos; especificar as regiões nas quais eles se aplicam e o domínio de objetos que fazem surgir; identificar enfim as relações, as conexões e as interferências que entre eles podem ser estabelecidas. Em tal perspectiva é que se conjuga, ao modo de ensaios, de fragmentos e de tentativas diversas, o que Foucault tentou investigar em diferentes domínios.

Não se busca saber se o discurso dos psiquiatras sobre os que habitam o asilo é ou não verdadeiro, se bem que esse problema seja completamente legítimo; não se procura determinar a qual ideologia pertence o discurso dos confessores, embora seja igualmente um problema interessante; tampouco se almeja conhecer a verdade do discurso psicológico, ainda que outros estudos apontem nessa direção. Antes de tudo, são interrogadas as razões e os modos de enunciação da verdade (*dire-vrai*) a propósito de práticas tais como a da discursividade do louco sobre sua loucura ou a do cristão arrependido de seus pensamentos pecaminosos ou a do paciente sobre seus temores e angústias.

O caráter genealógico de tal empresa é observável a partir da preocupação em saber de que modo antigos regimes de verdade se proliferam, não sem transformações, em sociedades como as nossas. Embora muitas daquelas práticas de si ainda permaneçam nas atuais ciências do homem, elas também se transformaram em seus objetivos, com agentes diferentes e com discursos heterogêneos.

Convém uma breve observação a respeito do que Foucault entende por regime de verdade a partir de 1978 e de como ele pode ser aplicável às práticas de enunciação do eu. Trata-se de um recurso alternativo utilizado pelo autor para contrapor-se à perspectiva da legitimação histórica do conhecimento, tal como praticada nas ciências do homem.

Para Michel Foucault, a verdade das ciências do homem não pode ser entendida somente a partir de si própria, e sim pelas relações de poder específicas que atuam na sociedade. Não há verdade sem poder ou fora do poder. Somente há verdade mediante a atuação de regimes constringentes de verdade que funcionam numa sociedade, ainda que de modo provisório. Porém, não se pode dizer que os jogos de verdade sejam apenas jogos de poder. O problema é saber como regimes de verdade vinculam-se às relações de poder.[24]

> Cada sociedade tem seu regime de verdade, sua "política geral" de verdade: isto é, os tipos de discurso que ela acolhe e faz funcionar como verdadeiros; os mecanismos e as instâncias que permitem distinguir os enunciados verdadeiros dos falsos, a maneira como se sanciona uns e outros; as técnicas e os procedimentos que são valorizados para a obtenção da verdade; o estatuto daqueles que têm o encargo de dizer o que funciona como verdadeiro (FOUCAULT, 2000, p. 12).

Constitui uma das grandes problemáticas para o genealogista saber qual é o regime de verdade que atua na nossa sociedade, quais canais institucionais exigem uma justificação racional para poderem funcionar e sem a qual deixariam de ser qualificáveis como legítimos.

> A "verdade" está centrada na forma do discurso científico e nas instituições que o produzem; está submetida a uma constante incitação econômica e política (necessidade de verdade tanto para a produção econômica quanto para o poder político); é objeto, de várias formas, de uma imensa difusão e de um imenso consumo (circula nos aparelhos de educação ou de informação, cuja extensão no corpo social é relativamente grande, não obstante algumas limitações rigorosas); é produzida e transmitida sob o controle, não exclusivo, mas dominante, de alguns grandes aparelhos políticos ou econômicos (universidade, exército, escritura, meios de comunicação); enfim, é objeto de debate político e de confronto social (as lutas 'ideológicas') (FOUCAULT, 2000, p. 13).

Nos diversos canais institucionais, deixa de ser central a busca neutra da verdade ou ainda o combate *pela* verdade, *em favor* da verdade; importam os embates *em torno* da verdade, ou seja, do papel econômico e político que ela desempenha. A verdade neutra e essencial liberta do poder, não existe. Tem-se apenas:

> O conjunto das regras segundo as quais se distingue o verdadeiro do falso e se atribui ao verdadeiro, efeitos específicos de poder. [...] A verdade está circularmente ligada a sistemas de poder, que a produzem e a apóiam, e a efeitos de poder que ela induz e que a reproduzem (FOUCAULT, 2000, p. 13).

---

[24] Exemplo disso é o saber médico. É inegável que ele está vinculado a instituições e a práticas de poder, mas tal vínculo não retira sua validade científica ou sua eficácia terapêutica: "ele não a garante, mas não a anula" (FOUCAULT, 1994d, p. 724-725). Analogamente, o fato de que a etnologia tenha nascido com a colonização "não quer dizer que seja sempre uma ciência imperialista" (FOUCAULT, 1994d, p. 828).

Para Foucault, a verdade não está restrita ao âmbito do conhecimento científico, sendo este somente *um* regime de verdade. Além disso, ressalta que a verdade deixa de ser explicável a partir de um estatuto epistemológico próprio. Quando isso ocorre, é porque houve um combate *em torno* da verdade cujo efeito é a exclusão de outros regimes que atuaram, paradoxalmente, na sua constituição.

É o que ocorre em práticas relevantes da constituição do sujeito no Ocidente, como é o caso das práticas confessionais. Nelas, o indivíduo é constituído como sujeito de verdade no processo de sua enunciação em diferentes modalidades: na confissão e na direção monástica, na discursividade do louco, na verbalização do eu a outrem no recinto da clínica psicológica. Sobre essas diferentes modalidades de regimes de verdade em torno da enunciação do eu é que se tenta identificar a peculiaridade da história dos modos de veridição.

O homem ocidental, um animal confidente

Nesse item mostra-se como nas práticas de enunciação do eu têm-se como efeito de verdade a constituição das ciências modernas do homem e como efeito de poder a constituição de sujeitos sujeitados, cujo processo Foucault nomeia de *assujeitamento*. Almeja-se sublinhar os modos pelos quais os sujeitos são individualizados a partir da obrigação da enunciação de verdades nas tecnologias de dominação,[25] nos mecanismos de saber-poder ou, ainda, nas tecnologias do eu.[26]

---

[25] Foucault apoia-se numa distinção de Habermas para referir-se às técnicas de dominação. Para Foucault, Habermas distingue três tipos de técnicas: "As técnicas que permitem produzir, transformar, manipular coisas; as técnicas que permitem utilizar sistemas de signos; e, enfim, as técnicas que permitem determinar a conduta dos indivíduos e impor certas finalidades ou objetivos" (FOUCAULT, 1994d, p. 170-171). De fato, Habermas trabalha tais técnicas ou meios quando estuda a relação entre conhecimento e interesse. Uma de suas teses consiste em afirmar que "os interesses que guiam o conhecimento constituem-se no meio do trabalho, da linguagem e da dominação". O trabalho se refere às forças produtivas acumuladas por uma sociedade; a linguagem, a uma tradição cultural a partir da qual ela se interpreta; a dominação, às legitimações que ela aceita ou pratica (HABERMAS, 1993, p. 143). Foucault reconhece que, em virtude de ter começado pelo estudo das práticas de segregação, o discurso de verdade sobre o indivíduo constituía sempre o resultado de técnicas de dominação que procediam de tais práticas. As técnicas de dominação pareciam então se apresentar como as mais adequadas para o estudo do sujeito, sem exclusão das demais. O giro dos seus últimos escritos será justamente enfatizar menos as técnicas de dominação para destacar as técnicas de si.

[26] Para a análise daquelas práticas confessionais cristãs e modernas mediante as quais o sujeito é constituído por uma obrigação de verdade, utilizamos a expressão "tecnologias" ou "tecnologias

A perspectiva de que a verdade obriga e constrange no próprio ato de sua enunciação normalmente causa estranhamento ao discurso científico-filosófico. Para esse discurso, o indivíduo não pode agir em virtude de coerção ou obrigação, se quiser ser operador da exteriorização da verdade. A verdade basta a si mesma ao elaborar sua própria lei e seus critérios específicos. É pelo critério da *evidência* que a manifestação do verdadeiro e a obrigação a qual o indivíduo se encontra de reconhecê-lo e de situá-lo como verdadeiro *coincidem* exatamente. A evidência constitui a *demonstração* por excelência de que não há necessidade de outro regime de verdade que se agregaria ao verdadeiro. "É o próprio verdadeiro que constitui seu regime, determina sua lei e me obriga" (FOUCAULT, 1980).[27] Se for seguido esse modelo a verdade é *index sui*, quer dizer, somente o jogo entre o verdadeiro e o falso indica aquilo que é verdadeiro.

Conforme Foucault, o fato de que o verdadeiro seja *index sui* não significa que seja extensivamente *rex sui* e *lex sui*. Reconhecer algo como evidência implica outro processo que não é da ordem lógica da constatação e da dedução da verdade e do erro, mas do *engagement* e da *profession*. A verdade deixa de ser detentora e criadora do direito que ela exerce sobre os homens e das obrigações que eles têm em relação a ela; ela não administra seu próprio império, ao julgar e punir aqueles que deixam de obedecê-la. "Não é verdade que a verdade obriga somente pelo verdadeiro" (FOUCAULT, 1980).[28]

A perspectiva do genealogista-arqueólogo é que, no fundo, a verdade é ininteligível sem uma obrigação de verdade, sem o *engagement* do indivíduo, sem seu assujeitamento consentido. Para que um regime de verdade seja *aceito* e justificado é preciso que o sujeito tenha uma *qualificação*: que ele se submeta àquele regime de verdade.

---

de si"; já para o estudo de outras práticas entre as quais ele se constitui como sujeito de verdade a expressão privilegiada será a das "técnicas de si". Seguimos a indicação: "Podemos notar que a expressão 'técnica de si' tem dois sentidos nos escritos de Foucault: um sentido forte e preciso pelo qual ela designa a ascética da época helenística e romana; um sentido amplo, que designa, freqüentemente no plural, diversas formas de subjetivação nos antigos, no cristianismo ou na Modernidade (poder-se-ia distinguir esse sentido amplo utilizando o termo 'tecnologia')" (JAFFRO, 2003, p. 71).

[27] Aula do dia 6 de fevereiro de 1980, C 62 (05). Como essas aulas ainda são inéditas, somente acessíveis pela audição das fitas-cassete no IMEC, na Abbaye d'Ardennes, Basse-Normandie, a elas nos referiremos pela data da aula, seguida da catalogação do material auditivo e, entre parêntese o número da seção.

[28] Aula do dia 6 de fevereiro de 1980, C 62 (05).

Se a verdade científico-filosófica em torno da evidência tem como condição um *efeito de poder* que a purifica mediante práticas excludentes, quando se trata da obrigação de verdade sobre o sujeito, aquilo denominado pelas ciências do homem de *objetividade* está condicionado pela história constringente e complexa de *atos de verdade*.

Elaborar uma "política da verdade" (FOUCAULT, 1976, p. 81) consiste no exame da singularidade dos *atos de verdade* observados especialmente nas práticas de verbalização do eu. Nelas, porém, a preocupação deixa de ser a busca da verdade para deter-se naquilo que ela permite legitimar, justificar e reproduzir, qual seja, mecanismos constringentes de poder, como é o caso do ato de confessar a verdade.

Embora quaisquer práticas coercitivas reclamem *sua* verdade, não é dela que se trata, mas do efeito que ela proporciona, que é a reprodução do poder, em razão de sua capacidade de justificar racionalmente a distribuição e repartição dos indivíduos.

Confissão e produção da verdade

A perspectiva crítica da problemática da verdade, quando referida às práticas confessionais, adquire características específicas nas investigações de Foucault. Entendido no sentido genérico de "admitir", "declarar", "reconhecer", "confessar", "verbalizar" e "enunciar algo sobre si próprio", nas mais diversas circunstâncias, a língua francesa utiliza o termo *"aveu"*.

Ora, o dispositivo da enunciação da verdade era a fase final e mais decisiva utilizada no século XIX pelo médico Leuret, para o tratamento moral da loucura. O livro citado por Foucault no curso *Le pouvoir psychiatrique* (2003) se chama *Traitement moral de la folie,* de 1840. Vale lembrar que Foucault volta a mencionar esse livro, de modo detalhado no ciclo de conferências intitulado: *Mal faire, dire vrai. Fonctions de l'aveu* (1981a). Nesses dois momentos está em questão "a confissão da verdade" como prática central dos "procedimentos de individualização pelo poder" (FOUCAULT, 1976, p. 78-79). Essa centralidade da questão da verdade na terapia psiquiátrica é curiosa posto que em alusões anteriores, Foucault cogita que essa questão "não se colocava na prática da terapia clássica" do século XIX (2003, p. 192; p. 214, nota 42).

No livro de Leuret, relata-se o caso de um doente, nomeado Sr. Dupré, acometido de delírios de perseguição e alucinações contínuas. Para tratá-lo, o doutor Leuret o leva até o chuveiro e o obriga a ficar de pé sob a ducha. A partir de então tem início diálogos como o que segue:

> Doutor Leuret: – Não há qualquer palavra verdadeira em tudo isso; o que você diz, são loucuras. E é porque você é louco que está internado em Bicêtre. Doente: – Não acredito estar louco. Sei o que vi e escutei. O médico: – Se quiser que eu esteja satisfeito com você, é preciso obedecer, pois tudo o que lhe pergunto é razoável. Você promete não mais pensar nas suas loucuras? Você promete não falar mais delas? – O doente promete, com hesitação. Doutor Leuret: – Você me faltou com a palavra, seguidas vezes, sobre esse ponto; não posso contar com suas promessas; você vai receber a ducha até confessar (*avouer*) que tudo o que diz são apenas loucuras. E se lhe faz cair uma ducha gelada sobre a cabeça. O doente reconhece que suas imaginações eram apenas loucuras. Porém, agrega: – Reconheço isso porque sou forçado. Nova ducha gelada. – Sim, senhor, tudo o que lhe disse são apenas loucuras. –Você foi louco? Pergunta o médico. O doente hesita: – Não creio. Terceira ducha gelada. –Você foi louco? O doente: – Ver coisas e escutar vozes significa ser louco? – Sim. Então o doente acaba dizendo: – Não havia mulheres que me injuriavam nem homens que me perseguiam. Tudo isso é loucura (FOUCAULT, 1981a).

Por meio dessa passagem, Foucault estuda a peculiaridade do ato de confessar (*avouer*) e sua importância na produção de verdade entre práticas coercitivas. Em primeiro lugar, o doutor Leuret não procura fazer o doente confessar uma falta ou pecado; tampouco, aquilo que se confessa é algo desconhecido ou invisível, já que o Sr. Dupré é manifestamente louco: ele já teve um delírio ao longo do interrogatório e o médico está convicto de sua loucura.

O que separa o reconhecimento da loucura da declaração de que se é louco não é o que distancia o desconhecido do conhecido, o invisível do visível, mas o *custo da enunciação*. O reconhecimento consiste na passagem do não dito ao dito, sempre que o não dito tenha um sentido preciso, um motivo particular e um valor importante. Assim, para o Sr. Dupré recusar a declaração de que é louco, significa fundar a exigência do reconhecimento como ponto de partida. Analogamente, quando alguém faz uma declaração de amor, ela será um *aveu* se o fato de declará-la constituir *risco* e for *custoso*[29] para quem o declara.

Entretanto, isso não basta. Quando o doente diz: "Reconheço isso [que sou louco] porque sou forçado", trata-se de uma declaração de bom

---

[29] Sobre a ideia do "custo da verdade" ver FOUCAULT, 1994d, p. 442-443; SIMONS, 1995, p. 43-46.

senso, já que sob a ducha fria ele é coagido a reconhecer sua loucura. O que parece insensato, embora interessante, é a reação do médico. Ele submete o doente à outra ducha fria para que, depois disso, com toda *liberdade*, o paciente reconheça sua identidade de louco. Trata-se de tática bem conhecida do poder que, primeiro, coage aqueles que, em seguida, submete em *estado livre*. Não pode haver reconhecimento senão em *estado livre*. Sua aplicação remonta a época da Inquisição: para que as declarações obtidas sob tortura fossem consideradas confissões, era preciso repeti-las após o suplício. A confissão adquire efeitos morais, jurídicos e terapêuticos se for feita em estado de liberdade daquele que confessa, mesmo que alcançada numa relação de força desigual.

O *aveu* identifica-se com o envolvimento do sujeito no reconhecimento da *verdade* que confessa. Envolvimento (*éngagement*) que prescinde da obrigação de fazer tal ou qual tarefa, mas simplesmente de tratar de ser o que se confessa ser. Isso ocorre também na declaração de amor. Se ela busca apenas constatar um estado de fato, a frase "eu te amo" não passa de simples afirmação. Se ela implica que o sujeito vai empenhar-se em amar alguém, trata-se de juramento que pode ser sincero ou não, mas que não pertence à ordem do verdadeiro ou do falso. Quando a frase "eu te amo" funciona como *aveu*, passa-se do não dito ao dito, transformando-se voluntariamente em dizer amoroso mediante a afirmação de que, de fato, se ama.

Ocorre o mesmo com aquele que *reconhece* ter cometido um crime, na medida em que ele se envolve na sua autoria, não apenas ao aceitar a responsabilidade dele como também ao fundar tal *aceitação* no fato de que o cometeu. No *aveu*, aquele que fala engaja-se em ser aquilo que diz ser; obriga-se a ser aquele que cometeu um crime ou experimentou um sentimento. O doente de Leuret empenha-se em ser louco *na* e *pela* sua confissão.

No entanto, isso ainda não basta para caracterizar a confissão no sentido de *aveu*. Quando o paciente de Leuret enfim diz que "tudo isso é loucura" é porque ele cede. Acaba por reconhecer o que não queria confessar. Ao fazê-lo, condescende com o poder que o médico pretende exercer sobre ele. Vale ressaltar que é esse reconhecimento que Leuret procura obter, a fim de se aproveitar do suposto louco e exigir dele obediência.

Somente há *aveu* na relação de poder quando ocorre a confissão daquele que a ela se submete. É o que se percebe na confissão judiciária ou na confissão católica. Mas quando se tratam de relações flutuantes e móveis, como na declaração de amor, isso não basta: para que a declaração "eu te amo" seja um *aveu* é preciso que aquele ao qual ela se dirija, aceite-a, recuse-a ou, até mesmo, ria-se dela. Desse modo o *aveu* suscita ou reforça uma relação de poder que é exercida sobre aquele que confessa, razão pela qual somente há confissão, declaração e reconhecimento verdadeiros se forem *custosos* de serem confessados, declarados e reconhecidos.

Há outro aspecto do *aveu* difícil de ser delimitado. Quando Leuret coage seu doente para que finalmente confesse que "tudo isso é loucura", sabe que ele não deixará de ser louco somente a partir de sua confissão. A coação do médico objetiva que ele *aceite* seu estatuto de louco. Leuret considera que o único fato de dizê-lo e de reconhecê-lo constitui o ponto de partida para que o doente modifique a relação com sua loucura, com sua maneira de ser louco e, quiçá, alcance a cura.[30] Analogamente, se o criminoso que confessa o crime não pode ser julgado de igual maneira que outro criminoso cujo reconhecimento de autoria foi estabelecido mediante prova ou acusação, é devido à suposição de que o reconhecimento (*aveu*) do ato modifica a relação que o indivíduo tem com seu crime (FOUCAULT, 1994c, p. 144). Igualmente, declarar que se ama alguém é começar a amá-lo (a) de outro modo; caso contrário tratar-se-ia simplesmente de informar os sentimentos que se tem.

Michel Foucault pretende sugerir que o vínculo estabelecido pelo sujeito com a obrigação de verdade daquilo que confessa objetiva-o diferentemente: criminoso, mas talvez suscetível de arrepender-se; apaixonado, mas declarado; doente, mas suficientemente consciente de sua doença de modo a empreender ele mesmo seu processo terapêutico.

A confissão configura o ato verbal pelo qual o indivíduo, mediante reconhecimento sobre o que é ou fez, ata-se à sua verdade na relação de dependência a outrem, modificando assim a relação que tem consigo.

Vale ressaltar que o reconhecimento da identidade do sujeito a partir da enunciação de *sua* verdade constitui *efeito* de relações de poder, da obediência a outrem, tratando-se de processo em que a subjetivação é constituída de modo sujeitado. A produção da verdade sobre o sujeito prescinde da relação consigo, sendo dependente de tecnologias imanentes aos

---

[30] Na conferência de Londres, depois de insistir que Leuret só está satisfeito quando o paciente verbaliza e reconhece que é louco, agrega Foucault: "Ele se funda na hipótese de que a loucura enquanto realidade desaparece desde o instante em que o paciente reconhece a verdade e declara que é louco" (FOUCAULT, 1994d, p. 169).

mecanismos do saber-poder. A afirmação: "sou louco", pronunciada pelo paciente, tem um caráter performativo porque sua enunciação prescinde do vínculo com o autor da enunciação, embora ela vise a operar a cura e realizar o fim para o qual se propõe. Não há uma convicção do falante que o vincule ao conteúdo do enunciado. Acredita-se que a condição suficiente da cura é a verbalização que *reconhece* a loucura. O ato de dizer algo qualificado como verdadeiro já possui valor terapêutico no próprio indivíduo que confessa.

Merece ser considerado que Leuret está consciente de que o reconhecimento verbal da loucura por parte do doente é insuficiente no processo de cura. O momento decisivo ocorre quando o médico exige que ele escreva sua história de vida: o relato completo das lembranças de sua infância, o nome dos liceus onde estudou e o nome de seus mestres e colegas. Ao contrário da mera confissão, quando se depara com sua história de vida o louco não falsifica e não desloca o que lembra. Daí ser necessário que o doente se dobre diante de sua história, que se reconheça nas identidades constituídas nos episódios que marcaram sua existência. Em tais episódios autobiográficos ele relatará *sua* verdade. É digno de menção que a verdade autobiográfica que dele é exigida está constituída ainda por um sistema de obrigações, como aquele atuante na relação familiar, no estado civil e na observação médica. O louco precisa descrever esse *corpus* identitário. Quando isso ocorre, um dos momentos mais fecundos da terapêutica é efetivado. Caso contrário, a esperança de cura desaparece.

Na análise que elabora sobre a passagem descrita por Leuret, Michel Foucault pretende mostrar que o médico objetiva não somente banir o delírio ou destruir a loucura; na verdade, ele zomba do que ocorre na consciência do doente. Busca acima de tudo o ato da confissão mediante o qual é reforçado o poder do médico.

Somente agora é possível entender em que sentido o dispositivo do enunciado da verdade está presente na terapia psiquiátrica.

> [...] essa verdade não é aquela da loucura falando em seu próprio nome, é o enunciado de verdade de uma loucura que aceita reconhecer-se em primeira pessoa numa certa realidade administrativa e médica, constituída pelo poder asilar; e é no momento em que o doente se tiver reconhecido nessa identidade que a operação de verdade será efetivada. Por conseguinte, é como ordenamento do discurso a essa instituição da realidade individual que se realiza a operação de verdade. A verdade nunca está em jogo entre o médico e o doente. O que é dado primeiro é a realidade biográfica do

doente, instaurada de uma vez por todas e à qual ele tem de se identificar se quiser se curar (FOUCAULT, 2003, p. 160).

A confissão (*aveu*) é o exemplo maior do vínculo existente entre regimes de verdade e regimes de poder. Daí a animosidade crescente nos séculos XIX e XX em exigir do indivíduo que enuncie a verdade não tanto sobre um ato que tenha cometido, mas sobre sua identidade. Ao reconhecer a verdade de sua identidade num regime de poder constringente, tem-se a constituição de subjetividades sujeitadas.

Quando os discursos científicos buscam explicar a razão da proliferação das práticas confessionais na Modernidade, a resposta talvez não esteja situada no âmbito das necessidades econômicas e sociais, como se a verdade científica possuísse suas tecnologias próprias. É preciso indagar o porquê da insistência sobre o vínculo do sujeito *à* sua verdade, *por* sua verdade e *pela* enunciação de sua verdade. Se for certo que constitui um problema de ordem jurídico-institucional saber como o sujeito encontra-se envolvido com o poder exercido sobre ele, é relevante destacar a perspectiva histórica e política das práticas confessionais no sentido de apontar como o sujeito encontra-se atado à sua identidade por meio de *atos de verdade* determinados.

Na Modernidade, ocorre a proliferação exacerbada da produção de verdade sobre o sujeito pela verbalização do eu. Para Michel Foucault, a recorrência de tal prática não se deve à humanização das ciências do homem, agora preocupadas com a humanização do doente, com o processo de cura ou com a libertação subjetiva da sexualidade reprimida. A recorrente verbalização do eu precisa ser genealogicamente situada em relação aos mecanismos de poder atuantes na nossa sociedade. Ao fabricar identidades, tais mecanismos matriciais têm como efeito sua própria reprodução, repartindo indivíduos, distribuindo-os no espaço e no tempo, atando-os à sua subjetividade. Com isso, aqueles mecanismos produzem efeitos de verdade na medida em que buscam sua legitimação racional em ciências adjetivadas de "humanas" que explicam aquelas repartições e distribuições.

Verdade e desejo

A perspectiva de que a verdade das ciências do homem não é índice de si mesma –, de que ela depende da articulação constituída em torno de regimes de poder e regimes de verdade e de que ela remete a um exterior de índole histórica e política que antecede seu estatuto epistêmico

– desconstrói aqueles discursos modernos que afirmam ser a sexualidade a verdadeira identidade de alguém.[31]

Tal perspectiva Michel Foucault desenvolve em *Histoire de la sexualité, I: La volonté de savoir* (1976). Nele se propõe apontar que os discursos de verdade em torno da sexualidade são insuficientes se explicáveis apenas pelo seu viés epistemológico, na medida em que tal objeto de saber não existiu sempre, de modo a ser adequadamente apreensível apenas por uma história política que apresente sua emergência e suas transformações.[32]

Em *Histoire de la sexualité, I,* é estabelecida uma diferença entre sexo e sexualidade. Inicialmente, o discurso da sexualidade não se aplicava ao sexo, mas "ao corpo, aos órgãos sexuais, aos prazeres, às relações de aliança, às relações interindividuais [...]" (FOUCAULT, 1994c, p. 313). A transformação ocorre a partir do final do século XVIII, quando a sexualidade torna-se "dispositivo",[33] regime de saber-poder que toma o sexo como objeto privilegiado. A sexualidade deixa de referir-se à organização fisiológica do corpo ou ao comportamento sexual, constituindo-se no prolongamento do modo pelo qual o poder investe em aspectos fundamentais da vida dos indivíduos por meio de discursos e práticas.

O dispositivo da sexualidade é o mecanismo de poder cujo efeito é a constituição de um saber, de uma verdade do sexo. Ora, é mediante a constituição de tal verdade nos discursos das ciências do homem, tais como a sexologia e a psicologia, que a cultura ocidental moderna se debruça na

---

[31] Para uma primeira versão desse estudo, ver CANDIOTTO, 2007a.

[32] Nesse livro de caráter programático, o filósofo desenvolve o projeto já presente no Prefácio da primeira edição do livro *Histoire de la folie à l'âge classique* (1972), embora *Histoire de la sexualité, I: La volonté de savoir* (1976) não tenha sido escrito a partir da *démarche* que Foucault apresentava em seu primeiro grande livro. "Será preciso fazer também a história, e não somente em termos de etnologia, dos interditos sexuais: na nossa cultura mesma, falar das formas continuamente móveis e obstinadas da repressão, e não para fazer a crônica da moralidade ou da tolerância, mas para trazer à luz, como limite do mundo ocidental e origem de sua moral, a separação trágica do feliz mundo feliz do desejo" (FOUCAULT, 1994a, p. 162). Foucault pretende elaborar a história política da sexualidade no sentido de "uma história das delimitações operadas no campo da sexualidade (sexualidade permitida e proibida, normal e anormal, das mulheres e dos homens, dos adultos e das crianças)" (FOUCAULT, 1994c, p. 229).

[33] Por dispositivo, Foucault entende "um conjunto decididamente heterogêneo que engloba discursos, instituições, organizações arquitetônicas, decisões regulamentares, leis, medidas administrativas, enunciados científicos, proposições filosóficas, morais, filantrópicas. Em suma, o dito e o não dito são os elementos do dispositivo. O dispositivo é a rede que se pode estabelecer entre estes elementos" (FOUCAULT, 1994c, p. 299). Para um estudo do significado do dispositivo no pensamento de Michel Foucault, ver DELEUZE, 1988, p. 185-195.

busca da verdade sobre quem somos. A verdade de nossa identidade deixa de ser explicável em termos de natureza humana ou de traço antropológico, sendo constituída como efeito da articulação entre saber-poder.

Analogamente ao que ocorre com a confissão da loucura, empreender a história da sexualidade significa distanciar-se da história das ideias em torno de um objeto transistórico, para apontar sua emergência e suas transformações. Tal estratégia tem sido reiterada nesse estudo, na medida em que a verdade de um objeto só pode ser delimitada ao perguntar como ele foi constituído, qual é sua história e não como é desvelado na sua origem essencial e preexistente.

Michel Foucault considera-se um experimentador e um "empirista cego" (FOUCAULT, 1994c, p. 404), de modo que no início de suas análises prescinde do sujeito doador de sentido, de objetos definidos e de instrumentos conceituais acabados. Antes, fabrica os instrumentos destinados a apontar a emergência dos objetos e suas transformações de modo que suas verdades dependem da verdade dos instrumentos que fabrica. A história não é apenas a história verdade dos fatos, mas construção e desconstrução de objetos de saber, ficções criadas por uma cultura como estratégia de sua autocompreensão num determinado momento. O genealogista pretende saber como a esses objetos foi designado um atributo de verdade.

> As produções de verdades não podem ser dissociadas do poder e dos mecanismos de poder, ao mesmo tempo porque esses mecanismos de poder tornam possíveis, induzem essas produções de verdades e essas produções de verdades têm efeitos de poder que nos vinculam, que nos atam. (FOUCAULT, 1994c, p. 404).

Ao tratar da discursividade em torno do sexo, não se escreve contra as instituições e suas orientações. Michel Foucault nunca faz a história das instituições. Ele pretende saber quais são as tecnologias utilizadas pelo dispositivo da sexualidade na objetivação do sexo e seu desdobramento na constituição de uma identidade.

Segundo a "hipótese repressiva" (FOUCAULT, 1976, p. 23-68), atribuída a Reich e a Marcuse, há no interior da sexualidade uma verdade latente à espera de ser revelada, de modo que se permanece lá escondida é porque está sob a força de um poder repressivo que a impede de ser enunciada. Segue o aspecto redentor da contínua discursividade em torno do eu cuja tarefa é libertar tal verdade reprimida, ao mesmo tempo em que o poder insiste em mantê-la obscurecida. Consequentemente, "a verdade não pertence à ordem do poder, mas tem um parentesco originário com a liberdade" (FOUCAULT, 1976, p. 80); liberdade que se exterioriza pela verbalização incessante de tudo aquilo que o poder tenta ocultar. Discursar sobre sua sexualidade tem como efeito escapar das amarras do poder e encontrar seu verdadeiro eu. Onde há verdade e liberdade, não há poder e sua característica recorrente que é a repressão.

Foucault não nega a repressão da sexualidade. Apenas considera insuficiente a suposição de que o poder sempre reprime ocultando a verdade enquanto que a discursividade do eu libera a verdade do indivíduo escondida nos seus desejos recônditos (sexuais). Para Foucault não se pode reduzir a reflexão do poder em torno da repressão. É preciso salientar o lado positivo das relações de poder e do seu exercício, no sentido de que induzem e produzem aquilo que normalmente é qualificado de verdadeiro. Em decorrência, não há verdade livre e escondida por natureza nos desejos sexuais que tenha necessidade de ser verbalizada e interpretada para que saibamos quem somos.

O desejo sexual forma aquilo sobre o que se confessa antes do que aquilo que permanece escondido. Ele tem sido escondido com maior cuidado em função da "insidiosa obrigação histórica de confessá-lo" (FOUCAULT, 1976, p. 82). Daí o projeto infrutífero de fazer a história das diversas formas da verdade natural do sexo mediante a interpretação dos desejos, razão pela qual é preciso empreender a história política dos discursos que se escondem detrás da suposta verdade do sexo. O sexo configura uma realidade produzida historicamente a partir da constituição política de certos discursos.[34]

Em vez da coação em confessar a verdade do sexo, se a estimula; ao contrário da economia nas palavras, na Modernidade há explosão de discursividades em torno dos desejos sexuais. O século XIX inventou um novo prazer sexual que não se limita ao *fazer* sexo, mas na *enunciação* exaustiva dos pensamentos, obsessões, desejos e imagens em torno dele. Desses discursos é que o genealogista procura fazer a história.

Em *Histoire de la sexualité, I*, são apresentados dois procedimentos históricos de produção da verdade do sexo. Um deles é a *ars erotica* (arte erótica) presente nas sociedades antigas do Japão, da China, da Índia, de Roma e entre os árabe-muçulmanos (FOUCAULT, 1976). Na arte erótica, a

---

[34] Foucault (1976, p. 81) fala de uma "história política da verdade [...] mostrando que nem a verdade é livre por natureza nem o erro é servo: que sua produção é inteiramente infiltrada pelas relações de poder. A confissão é um bom exemplo".

verdade é extraída do prazer tomado como prática. O prazer é qualificado não por seu critério de utilidade ou por sua relação à lei do permitido e do proibido; antes, é conhecido como prazer dependendo de sua intensidade, de suas qualidades específicas e de sua duração. Saber, cuja constituição tem necessidade de permanecer em segredo independentemente da suspeita de infâmia que marcaria seu objeto, mas devido ao temor de que sua discursividade excessiva poderia subtrair sua eficácia e sua virtude. A arte erótica é transmitida de modo esotérico por um mestre, detentor dos segredos sobre os prazeres. Constituem efeitos de tal arte naquele que goza de seus privilégios o domínio absoluto do corpo, o gozo singular, o esquecimento do tempo e dos limites, o exílio da morte e de suas ameaças.

A hipótese de Foucault é que a civilização ocidental, desde o monaquismo cristão do século IV, deixou de valorizar a arte erótica. Ela, no entanto, é a única que tem se preocupado em constituir uma *scientia sexualis* (FOUCAULT, 1976, p. 78). E para isso tem desenvolvido um procedimento peculiar para produzir a verdade do sexo oposto ao da arte erótica, materializado pela confissão dos desejos (*aveu*). A verdade do sujeito é desdobramento da confissão de seu ser desejante.

Vale ressaltar que na sua emergência, esse mecanismo de produção da verdade limita-se a um modo de vida específico, que é o modo de vida monástico cristão. Seria equivocado pensar que ali ocorre a disseminação de tal prática nas diversas instâncias da vida social.

Michel Foucault pretende destacar que a partir do século XVI a prática confessional como meio de produção da verdade do desejo adquire uma generalização até então inédita, disseminando-se nos mais variados tipos de interrogatórios, consultas, narrativas autobiográficas, etc., de maneira que é possível caracterizar tal processo como uma colonização da vida interior.

A partir do século XVI não houve o que convencionalmente é conhecida como a "descristianização" da sociedade, pela qual a idade sombria do mundo medieval cede lugar à Idade das Luzes (FOUCAULT, 1999). Na verdade, ocorreu a intensificação da religião cristã no início da era moderna devido às lutas entre católicos e protestantes.

Da Reforma Protestante à Inquisição, passando pelo Concílio de Trento (1545-1563), ocorre um aprofundamento da cristianização cujo efeito é uma interiorização crescente centrada na prática da confissão e no redirecionamento do pecado da carne em torno do corpo.

No que concerne à dimensão confessional da cristianização, há a *extensão* e *generalização* de seu domínio para além da penitência. Extensão, porque, afora a recondução do sacramento da penitência instituído como obrigação anual desde o Concílio de Latrão em 1215, haverá no seu interior a formação de um enorme dispositivo discursivo em torno do exame das almas. Generalização, porque tudo na vida do indivíduo precisa ser verbalizado, se não como pecado, pelo menos como material de exame e de análise.

Como efeito, cresce o poder do confessor na medida em que ele é designado como mestre da absolvição e tem como tarefa desenvolver o poder empírico do olhar e da audição observando e examinando o que acontece com o penitente durante a confissão.

Em virtude disso, a preocupação com a pastoral como tecnologia de governo das almas tem na literatura confessional lugar privilegiado. Fundamentando-se nos escritos de São Carlos Borromeu e no Concílio de Trento, Foucault estuda aquela literatura dirigida aos pastores ou confessores, dos quais é exigida uma variedade de qualificações.

Além da posse do caráter sacerdotal e da autorização de um bispo, para confessar é preciso desenvolver a qualificação do zelo, do amor e do desejo voltado para o bem e interesse dos demais, além de saber como combater aqueles que resistem a Deus. Para confessar não se pode estar em situação de pecado mortal, embora isso não impeça o valor da absolvição. É necessário ser firme na prática da virtude para que durante a confissão não se deixe contagiar pelo pecado que ouve. Sobretudo o confessor precisa ser sábio na condição do juiz que age com correção, do médico que atua terapeuticamente e do guia que orienta com diligência e prudência.

Tais qualificações precisam ser postas em prática do início ao fim do sacramento da penitência. Assim que o fiel chegar para confessar-se, o sacerdote deverá demonstrar junto dele atitude de acolhida e disponibilidade, sem jamais deixar transparecer que o escuta de mau humor. Em seguida, ele precisa solicitar do penitente a confissão. É necessário saber se o penitente está no estado de contrição, a fim de que seus pecados possam ser redimidos.

Para isso, é preciso submetê-lo a um exame perguntando-lhe acerca da preparação de sua confissão ou quando se confessou pela última vez; deve-se saber ainda se mudou de confessor e por que tomou essa decisão, se por indulgência de um confessor mais brando na concessão da penitência ou devido à outra razão; também constituem objetos de observação o comportamento do penitente, seus gestos, suas atitudes, o tom de sua voz, etc.

Depois da contrição do penitente, é imprescindível que ele faça o exame de consciência; no caso de confissão geral, o sacerdote lhe pedirá que represente toda sua vida.[35] Após o exame de consciência, o sacerdote impõe a satisfação observando tanto seu caráter penal constituído pela punição no sentido estrito quanto seu caráter medicinal ou corretivo que permitirá ao penitente ser preservado de possíveis recaídas.

A quantidade de regras que compõem o exame e a análise introduzidos no interior do sacramento da penitência é exorbitante. Com efeito, em vez de intensificação do sacramento da penitência, houve um incremento de suas atribuições excedendo a confissão das faltas, de tal forma que a vida completa do indivíduo é submetida ao exame geral.

O que ocorre a partir da segunda metade do século XVI é a difusão da prática da direção de consciência nos meios cristianizados e urbanizados, principalmente nos seminários e colégios católicos. Nos seminários, a direção de consciência é exercida fora da confissão para averiguar nos seminaristas seu progresso na virtude, sua atitude com o próximo e, principalmente, sua vida interior. Ela implica verbalizar ao diretor as tentações e maus hábitos, a repugnância ao bem, faltas comuns e sua procedência e os meios que serão empregados para corrigi-las, razão pela qual se exige do dirigido que seja aberto e sincero com o diretor. Além do exame completo da vida na confissão, investe-se nela novamente nos seus menores detalhes na direção de consciência. Trata-se de duplo filtro discursivo no interior do qual qualquer comportamento, conduta, relação com os demais, pensamentos, prazeres e paixões precisam ser discriminados em termos da oposição absoluta entre bem e mal.

Além da extensão e generalização da extração *da* verdade do indivíduo pela confissão e pela direção de consciência, a "cristianização em profundidade" centraliza os pecados da carne em torno do corpo de desejo e de prazer. Dentre tudo aquilo que precisa ser verbalizado para um diretor, a concupiscência tem lugar privilegiado.

---

[35] Foucault resume aqui um número de regulamentos publicados nas Dioceses após o Concílio de Trento e inspiradas nas regras pastorais dadas por Carlos Borromeu, em Milão. Primeiro, o penitente deve discursar sobre os momentos mais importantes da existência; em seguida, os vários estados pelos quais passou: solteiro, casado, trabalho que exerceu; detalhes dos momentos de felicidade e desventura, enumerar e examinar os diferentes países, lugares e casas que frequentou. Depois, ele precisa avaliar tudo isso ordenadamente, primeiro a partir dos mandamentos de Deus, depois por meio do confronto com os sete pecados capitais, em seguida pelas obras de misericórdia que empreendeu ou pelas virtudes cardinais e ordinais que desenvolveu.

Se no século IV Cassiano dizia que "o que funda o exame é a idéia de uma concupiscência secreta" (FOUCAULT, 1994d, p. 810), a elaboração consistente e sistemática em torno desse tema é de Agostinho de Hipona. No livro XIV da *Cidade de Deus*, ele fornece a descrição sombria do prazer sexual, assemelhando-o ao espasmo epiléptico durante o qual o indivíduo perde o controle completo de si próprio. O aspecto paradoxal da teologia da graça de Agostinho foi ter ele afirmado ao mesmo tempo o horror ao ato sexual e a possibilidade da existência de relações sexuais no paraíso, antes do pecado original. O modo como entende a sexualidade antes da queda não se equipara à forma descontrolada que ela teria assumido posteriormente. No paraíso, cada parte do corpo de Adão obedece perfeitamente à sua vontade, de modo que desconhece a excitação involuntária ou a polução noturna. Ocorre que, desde a desobediência à vontade de Deus em virtude do exercício da vontade autônoma, ele negligencia o fato de que sua vontade depende inteiramente da vontade do Criador. Como castigo por tal rebeldia, lhe é destituído o suporte ontológico de sua liberdade. Com isso seu corpo e, particularmente, a genitalidade, deixam de obedecer à suas ordens, revoltando-se contra ele.

Se entre os gregos a ereção sexual é o sinal do homem ativo e livre, na teologia da graça agostiniana será a imagem do homem revoltado contra Deus. A concupiscência com sua força, sua proveniência e seus efeitos torna-se o principal problema da vontade. O desejo involuntário de pecar, que é a própria definição de concupiscência, deixa de ser pensado como obstáculo externo da vontade para tornar-se inerente a ela. Em vez de ser identificada como expressão de desejos medíocres, a concupiscência constitui efeito da vontade humana que excede os limites inicialmente fixados pelo Criador.

A luta espiritual contra os poderes da concupiscência prescinde da estratégia platônica do redirecionamento do olhar para o alto evocando pela memória a realidade que outrora se conheceu e, em seguida, foi esquecida; antes, supõe orientá-lo para baixo ou para o interior a fim de decifrar entre os movimentos da alma, aqueles que procedem da concupiscência. Como o desejo de pecar quase sempre está mesclado à vontade, é preciso desenvolver a capacidade de discriminar entre bons e maus pensamentos, o que exige a hermenêutica do sujeito permanente.

A genealogia da concupiscência que se intensifica nos século IV e V na vida monástica é deixada de lado pela penitência escolástica que vai do século XII ao século XVI, para ser retomada posteriormente na doutrina e na prática da Igreja da Contra-Reforma. Não que na penitência escolástica os pecados de ordem sexual deixem de ser confessados; a questão é que são avaliados por um critério diferente daquele do desejo involuntário de pecar, resquício concupiscente do pecado original. Em vez de interiorização, a verbalização (*aveu*) da sexualidade adquire formas jurídicas sendo que as faltas volvem-se infrações contra regras sexuais. Tal é o caso da fornicação, qual seja o ato sexual entre duas pessoas fora do matrimônio; ou ainda o adultério, que é o ato entre uma pessoa casada com outra não casada, ou casada com outro; também o estupro, que consiste no ato sexual com uma virgem que consente, mas que não é desposada; o rapto, que é a captura pela violência com ofensa carnal. Há ainda a moleza, constituída pelas carícias que não conduzem ao ato sexual legítimo; a sodomia, que é a consumação do ato sexual em lugares não naturais. O incesto, que é o ato sexual com parentes até o quarto grau. Enfim, a bestialidade, ato cometido com um animal. Na penitência escolástica a filtragem de obrigações e infrações concerne ao aspecto relacional da sexualidade, aos vínculos jurídicos entre as pessoas.

A partir do século XVI, no contexto de Reforma e da Contrarreforma, haverá uma série de transformações em relação à penitência escolástica. Quando o sacerdote interroga o penitente ou o diretor pergunta ao aluno/seminarista sobre os pecados contra a castidade, deve cuidar para não se deixar contaminar pelo que escuta e, além disso, impedir que o penitente confesse menos do que ele fez ou que aprenda mais do que aquilo que já sabe. Ao confessor ou diretor basta saber apenas aquilo que é necessário, buscando esquecer tudo aquilo que lhe foi dito quando terminar a confissão. Ele precisa interrogar os pensamentos para evitar indagar sobre os atos, caso estes últimos ainda não tenham sido cometidos. O confessor jamais deve mencionar os tipos de pecado; apenas exigirá do penitente ou dirigido o tipo de pensamento que lhe ocorreu, os atos proibidos, com quem os cometeu, extraindo assim de sua boca qualquer tipo de luxúria, sem se expor ao perigo de lhe ensinar qualquer outra. Tais recomendações indicam que o aspecto relacional do sexo deixa de ser fundamental na confissão penitencial; o novo foco do interrogatório é o próprio corpo do penitente, seus gestos, sentidos, prazeres, pensamentos e desejos.

Outro momento intenso da valorização da concupiscência como aspecto central da confissão e da direção da consciência ocorre em meados do século XVIII. Nessa época, o confessor deve interrogar todos os sentidos, desejos e pensamentos. O *corpo* é considerado o princípio de análise do infinito pecado da concupiscência. A luxúria e os pecados a ele associados, tais como a fornicação que outrora estava associada à ruptura de uma relação de legitimidade, agora está situada no contato com o próprio corpo, como ocorre na masturbação. Desse modo, o desejo de pecar se efetiva como pecado não porque alguém se relacionou sexualmente com quem não se tinha direito, mas porque condescendeu com o desejo ao tocar sexualmente o próprio corpo.

Após examinar o toque, é preciso tomar cuidado com o olhar: se o penitente ou dirigido olha objetos desonestos ou lê textos obscenos. É como concupiscência do olhar que a leitura pode tornar-se pecado. Há ainda a língua: por ela saem os discursos desonestos e as palavras sujas, palavras estas que fazem parte do corpo. E assim também o ouvido deve ser interrogado, para saber se ele escuta discursos obscenos ou indecorosos.

O corpo desejante torna-se objeto maior de preocupação dos diretores de consciência e confessores. O foco de atenção do pastor, do diretor de consciência ou do educador no século XVIII não é com a vida conjugal, mas com o indivíduo solitário, aquele que satisfaz seus desejos sexuais por meio do contato pessoal com o próprio corpo: o seminarista, o aluno, a criança.

A partir do século XVI há o redirecionamento do pecado para o corpo e não mais para a relação legítima. Se anteriormente o pecado da carne constituía infração à regra da união, agora habita o interior do corpo. Interrogar as diferentes instâncias sensíveis do corpo é a melhor estratégia para prevenir e combater o pecado da carne.

> As diferentes infrações às leis relacionais no que concerne aos parceiros, à forma do ato, enfim todas essas coisas que vão da fornicação à bestialidade, tudo isso doravante não será mais que o desenvolvimento, de certo modo exagerado, desse primeiro e fundamental grau do pecado que constitui a relação consigo e a própria sensualidade do corpo (FOUCAULT, 1999, p. 175).

O que há de novo a partir da pastoral tridentina é a tecnologia da alma *no* corpo como fonte de prazer e de desejo. "É assim que se passa do velho tema de que o corpo estava na origem de todos os pecados a essa idéia de que há concupiscência em todas as faltas". Ocorre "[...] uma encarnação do corpo e uma incorporação da carne" (FOUCAULT, 1999, p. 179) que faz surgir na junção da alma com o corpo o jogo do desejo e do prazer no espaço do corpo e na raiz da consciência.

Na sociedade moderna e descristianizada a partir do século XIX, a verdade da identidade está atrelada à expansão e à intensificação dos discursos em torno do desejo sexual, particularmente na revelação de seus segredos a outrem. A discursividade do desejo, que anteriormente povoara apenas práticas institucionais nas salas de aula, nos seminários e confessionários expande-se a outras dimensões do tecido social.

A dupla filtragem do discurso da concupiscência ao longo da confissão e da direção de consciência cristã assume outras formas no plano das práticas e saberes a partir do século XIX, como observa Foucault em *Histoire de la sexualité, I: la volonté de savoir* (1976).

No plano das práticas, a confissão difunde seus efeitos e suas modalidades a todas as esferas da vida social: na justiça, na medicina, na pedagogia, nas relações familiares e amorosas, na esfera do cotidiano, dos ritos solenes, etc. No plano dos saberes, ela torna-se constitutiva de domínios como aqueles da literatura e da filosofia. Na literatura, mediante a tarefa infindável de procurar no fundo de si mesmo, entre as palavras, uma verdade que a confissão mostra como o inacessível; na filosofia, a busca da relação fundamental com a verdade não na condição de saber esquecido no fundo de si mesmo, mas a partir de impressões fugidias no indivíduo cujo exame pode proporcionar certezas da consciência fundamentais.

Com efeito, singularmente relevante na proliferação da produção da verdade nas práticas confessionais é seu deslocamento do confessionário para a clínica e a constituição moderna da "ciência-confissão" (FOUCAULT, 1976, p. 86).

A ciência-confissão moderna tem um caráter paradoxal nos aspectos prático e teórico. No aspecto prático, porque é continuidade dos rituais da confissão cristã e seus conteúdos, tal como a exigência de discursividade dos desejos escondidos no campo da sexualidade; no entanto, constitui uma descontinuidade quando se trata de seu objetivo na medida em que solicita que os desejos sejam formulados num discurso de verdade que não procura evitar o pecado e alcançar a salvação, e sim vinculá-los aos domínios do corpo e da vida. No aspecto teórico, porque a possibilidade de uma ciência do indivíduo, a validade da introspecção e a evidência da experimentação não partem de um discurso que se autojustifica, de modo que suas análises versam sobre os problemas inerentes aos discursos de verdade de nossa sociedade.

Na clínica, a produção do jogo da verdade depende, de um lado, do indivíduo que fala e que curiosamente identifica-se com aquele de quem se fala; mas, de outro, ela só se realiza por meio de alguém que a escuta e que coincide com aquele que a interpreta. A articulação entre enunciação e decifração acontece mediante o exercício de poder, já que aquele que decifra e conhece a verdade exerce um poder sobre aquele que a verbaliza, reconhecendo aquela decifração como *sua* verdade. Completa-se o mecanismo de *sujeição*: o indivíduo se reconhece como sujeito porque antes é sujeitado por um conhecimento que desconhecia e agora admite como *seu* e como *sua* verdade.

É a complexidade desse mecanismo de sujeição da subjetividade que está subentendida na afirmação de Foucault quando escreve que "o homem, no Ocidente tornou-se um animal confidente" (FOUCAULT, 1976, p. 80).

O genealogista pretende apontar que as práticas confessionais em torno dos desejos, pensamentos e impulsividade têm se tornado tão evidentes para o homem moderno que raramente são situadas como recondução de estratégias de poder que demandam uma justificação de verdade para legitimar-se.

Foi com o objetivo de destruir a aparente evidência de que a confissão revela a verdade dos desejos e, por extensão, daquilo que somos que, num momento de sua investigação, Foucault esboça a "genealogia da concupiscência"[36] do cristianismo ocidental e seus desdobramentos na "genealogia do homem de desejo" (FOUCAULT, 1984a, p. 20) das sociedades modernas.

Relações de poder e resistências

A heterogeneidade constituída pelo discurso psiquiátrico em torno da loucura, pelo discurso cristão em torno da concupiscência e pelo discurso psicológico em torno da verdade do sexo tem como elemento comum o ritual de produção da verdade acompanhado da sujeição da subjetividade.

As questões que podem ser elaboradas a propósito da produção da verdade por rituais de poder que lançam mão do assujeitamento individual são as seguintes: até que ponto o sujeito sujeitado pode desfazer-se de estratégias de poder que se apresentam como *efeitos de verdade*, como se seu exercício fosse a própria verdade; em que aspectos ele pode desprender-se de verdades identitárias que não passam de *efeitos de poder*, autorizando distribuições e repartições entre indivíduos normais e desviados?

---

[36] Daniel Defert observa que, em 1978, Foucault "trabalha no segundo tomo de *Histoire de la sexualité* que deve tratar da noção cristã da carne. Trata-se então de uma genealogia da concupiscência por meio da prática da confissão e da direção de consciência no cristianismo ocidental, tal como ela se desenvolve a partir do concílio de Trento. O manuscrito será destruído integralmente" (FOUCAULT, 1994a, p. 53)

No caso do discurso psiquiátrico, Foucault sugere que a verdade produzida pela confissão constitui efeito do reforço de tecnologias de poder forjadas a partir do nascimento do asilo que buscam legitimar-se racionalmente. Na psiquiatria do século XIX, são as estratégias de poder utilizadas para o reconhecimento da loucura pelo louco que se impõem como efeito de verdade, e não tanto a verdade da loucura resultante dos critérios científicos do conhecimento que seria aplicada à prática terapêutica.

No asilo, há a organização de um "campo de batalha" característico de um verdadeiro poder psiquiátrico (FOUCAULT, 2003, p. 8). Ele se apresenta como um "suplemento de poder pelo qual o real é imposto à loucura em nome de uma verdade detida de uma vez por todas por esse poder sob o nome de ciência médica, de psiquiatria" (FOUCAULT, 2003, p. 132). Para o genealogista, porém, em tal poder prescinde-se do discurso científico, sistemático e objetivo que se imponha à prática psiquiátrica.

O modo como eram efetuadas as distribuições asilares e pelas quais os "doentes" eram classificados entre curáveis ou incuráveis jamais era considerado relevante para delimitar a articulação entre psiquiatria e loucura, porque nessa época a psiquiatria já se julgava uma ciência capaz de verdade.

A psiquiatria do início do século XIX pretende interrogar-se apenas na condição de ciência, sem questionar suas práticas confessionais e segregadoras. Os erros por ela cometidos são corrigidos somente a partir de seus critérios próprios. Porque a psiquiatria considera-se detentora, senão da verdade, pelo menos de seus critérios de verificação é que ela pode associar-se à realidade e impor aos corpos doentes e agitados o superpoder que atribuirá à realidade. O pretenso poder da psiquiatria é descrito por Foucault em primeira pessoa do singular: "Sou o sobrepoder da realidade, na medida em que detenho por mim mesma e, de modo definitivo, algo que é a verdade em relação à loucura" (FOUCAULT, 2003, p. 134).

A história política proposta pelo genealogista aponta que o problema da psiquiatria do século XIX quase ignora a questão da verdade, ao deter-se na simulação do louco na prática asilar. Por meio de sua análise descobre-se que a psiquiatria concerne menos à verdade da doença mental do que à prática de um poder coercitivo. A problemática da simulação configura a instância crítica de resistência do sujeito sujeitado diante dos efeitos de verdade do poder psiquiátrico e dos efeitos de poder da nova "ciência" psiquiátrica.

A simulação agora difere daquela admitida por Leuret, pela qual o indivíduo finge ser louco para enganar o médico ou para escapar do castigo. Naquele caso, uma vez que a psiquiatria já julga possuir a verdade em virtude de um suplemento de realidade, a confissão do indivíduo simulando ser louco não representa ameaça para a verdade da psiquiatria. A simulação a que se refere Foucault é aquela em que a loucura simula a loucura, que a histeria simula a histeria. Ali é que se encontra o aspecto problemático e insolúvel da psiquiatria, para não dizer, seu fracasso.

Eis o jogo de verdade estabelecido entre a psiquiatria – como suposta detentora da verdade da loucura – e a simulação da loucura pelo aprisionado no asilo.

> Não colocarei o problema da verdade contigo, que és louco, porque detenho a própria verdade em função de meu saber e a partir de minhas categorias; e se possuo um poder em relação a ti, louco, é porque detenho essa verdade. Nesse momento, a loucura respondia: se pretendes deter de uma vez por todas a verdade em função de um saber que já está constituído, quanto a mim, vou situar em mim mesma a mentira. E, consequentemente, quando manipularás meus sintomas, quando te ponhas a fazer o que chamas de doença, ver-te-ás enganada porque haverá entre meus sintomas esse pequeno núcleo de noite, de mentira pela qual te colocarei a questão da verdade. Em consequência, não é no momento em que teu saber será limitado que te enganarei – o que seria simulação pura e simples – pelo contrário, se quiseres algum dia efetivamente tomar algo de mim é aceitando o jogo da verdade e da mentira que te proponho (FOUCAULT, 2003, p. 135).

Na mesma medida em que a psiquiatria recusa colocar a questão de sua verdade por meio do confronto com os loucos é que estes simulam e denunciam o fracasso daquela psiquiatria, que ignora a verdade da loucura. A loucura simulando a si própria constituiu a reação dos loucos em face do poder psiquiátrico.

A crise desse modelo de psiquiatria eclode no decênio de 1880 quando se percebe que os sintomas da loucura eram suscitados pela imprudência do médico (ou ignorância) e pela simulação dos doentes. Desde então a verdade da psiquiatria deixa de permanecer incólume diante da simulação da loucura. A hipótese de Foucault é a seguinte: em vez de pensar ter sido a histeria a grande doença do século XIX, trata-se de situá-la como o processo mediante o qual os doentes buscavam evadir diante do poder psiquiátrico. A histeria foi menos um fenômeno patológico do que um combate, uma luta, um enfrentamento.

O ponto de partida da crítica à psiquiatria começa com os indivíduos simuladores na prática asilar.

> São eles que enganaram por suas mentiras um poder psiquiátrico que, para poder ser agente da realidade, pretendia-se detentor da verdade e recusava colocar, no interior da prática e da cura psiquiátrica, a questão do que há de verdadeiro na loucura (FOUCAULT, 2003, p. 137).

Elaborar a história da prática psiquiátrica nos termos de uma política da verdade implica deixar de lado o conhecimento médico para enfatizar o lado do doente e seu discurso.

A crítica da verdade da loucura, no sentido de "conhecimento" da loucura, não passa pela analítica das condições e possibilidades do próprio conhecimento psiquiátrico. Ela é elaborada pelo genealogista nos termos de uma política da verdade, numa dupla perspectiva. De um lado, a verdade da loucura está situada nas estratégias articuladas em torno dos efeitos de verdade que circulam nas práticas coercitivas do asilo e dos efeitos de poder da suposta ciência psiquiátrica; de outro, a verdade da loucura tem sua possibilidade política a partir da simulação do louco que revelou ser a prática asilar uma máscara de verdade.

Não fica claro em *Le pouvoir psychiatrique* (2003) se a simulação do louco na prática asilar pode ser pensada como mecanismo de resistência ao poder psiquiátrico. Se ela de fato é assim postulada, caberia saber qual é sua eficácia diante desse poder, já que ele é concebido nessa época como relação entre forças infinitesimais, capilares, sem uma forma definida, cristalizada, sedimentada.

A mesma dificuldade se apresenta quando Foucault analisa, mais tarde, o dispositivo da sexualidade. Como um sujeito sujeitado pode opor resistência ao "dispositivo da sexualidade" a partir dos "corpos" e dos "prazeres", se o corpo desejante encontra-se preso a tal dispositivo? (FOUCAULT, 1976, p. 208). É curioso que, nesse exemplo, Foucault enuncia essa possibilidade, mas não a desenvolve. Somente mais tarde, os prazeres serão articulados com os desejos e atos sexuais, na dinâmica dos *aphrodisia* entre os gregos e romanos; e, nessa dinâmica, deixam de ser referidos a partir das práticas de resistências, para dar lugar ao ideal da moderação, ao uso equilibrado da conduta sexual.

Em *Histoire de la sexualité, I: la volonté de savoir* (1976), Foucault aborda a problemática das resistências por um viés mais introdutório, estratégico, do que propriamente histórico. Nesse momento passamos a tratar das resistências não em sua relação com os domínios da psiquiatria e da ciência sexual, mas de que modo elas ajudam a entender a produção de verdades identitárias.

Para entender as resistências, é indispensável saber como Foucault situa sua analítica do poder. Inicialmente, não se trata de uma abordagem jurídico-filosófica do poder que se limita a tomar como ponto de partida o sujeito jurídico portador de direitos ou o sujeito filosófico constituinte da verdade, como se eles fossem formas acabadas, princípios a partir dos quais derivariam outros fenômenos. Foucault deixa de deduzir o poder de *formas* terminais para situá-lo como efeito da correlação entre *forças* germinais. A unidade tradicional do sujeito de razão é deslocada pela pluralidade e pela heterogeneidade das forças. São elas que, inversamente, induzem a produção de verdades e a constituição de sujeitos.

Quando os "focos locais" (FOUCAULT, 1976, p. 130) da autoafetação entre as forças se encadeiam e se codificam mediante uma "estratégia de conjunto" (FOUCAULT, 1976, p. 132), esta tende a perpetuar-se, estabelecendo a preponderância de uma linha de força e sedimentando em torno dela uma *forma* terminal, mas não acabada. Ora, em tempos de paz ela pode ser a política; em tempos de exceção, a guerra.

Vale destacar que nem sempre as estratégias globais dobram a autoafetação inicial das forças, fixando-as em torno de uma codificação e culminando num estado de dominação, seja político ou belicoso. As forças germinais são sempre estratégicas, móveis e instáveis de modo que nem sempre atuam na forma massiva de dominação ou repressão de uma suposta liberdade originária. Por serem somente matrizes, elas podem atuar também ao modo de resistências plurais às formas de dominação ou de repressão. Esse é o ponto estratégico e fundamental para compreender o aspecto microfísico das resistências, assim como o do próprio poder.

Do mesmo modo que há forças que atuam na produção de um assujeitamento específico e acabado, há outras forças locais, móveis e instáveis que se organizam estrategicamente como o "outro termo" (FOUCAULT, 1976, p. 127) nas relações de poder, resistindo àquele modo de assujeitamento.

O mérito da abordagem foucaultiana do poder é que ela deixa de identificá-lo como o lado negativo das resistências. O que existem são *relações* de poder, inapreensíveis "sem uma multiplicidade de pontos de resistência que representam [...] o papel de adversário, de alvo, de apoio, de saliência que permite a preensão" (FOUCAULT, 1976, p. 126).

Os "pontos de resistência" a que se refere Foucault não se insurgem contra as próprias forças que estão no gérmen da produção do sujeito e dos discursos verdadeiros, mas contra suas formas terminais e seus efeitos de poder hegemônicos. Pode acontecer muito raramente que essa insurgência seja codificada estrategicamente na forma sempre provisória e instável das Revoluções; no entanto, quase sempre são lutas cotidianas que atravessam o tecido social e os próprios indivíduos.

Se os efeitos de poder, de que trata Foucault, reiteradamente não se identificam com a correlação inicial entre as forças, mas com a fixação de sua codificação estratégica, como no caso dos *estados de dominação*, merece destacar que tais efeitos são abertos por tais correlações. Sem correlações entre forças não há resistências e, na ausência destas últimas, impossível haver relações de poder, permanecendo somente escravidão e domesticação. Ora, onde existe violência, escravidão e domesticação, inexistem relações de poder e resistências.

Quando o discurso jurídico-filosófico parte do sujeito de direitos ou do sujeito da verdade, ignora o caráter produtivo e relacional das forças. Ao prescindir do questionamento da estranha evidência e unidade do sujeito, tal discurso entende o poder apenas como limite e proibição. Assim imaginado, o poder é reduzido à pura negatividade, posse e conquista de uns em troca da cessão ou da carência de outros. O poder é considerado impotente. A estratégia genealógica, pelo contrário, pretende destacar o poder como potência capaz de induzir, suscitar e produzir objetos e verdades.

Um dos problemas que Gérard Lebrun enfatiza na concepção de poder de Michel Foucault é a exclusão da articulação entre ordem e obediência. Não haveria nas relações de poder, tal como as entende Foucault, oposição entre dominantes e dominados, de onde a dificuldade de pensar a resistência dos dominados. Na medida em que relações de poder e resistências são capilares e infinitesimais, prescinde-se da conhecida teoria da soma zero, pela qual o poder que alguém possui constitui a contrapartida de alguém que não o possui.

A tal objeção é possível argumentar que Foucault não está interessado em formular uma nova teoria do poder, como na filosofia política clássica. Uma teoria do poder o aborda como se fosse uma coisa, substância ou essência, e a descrição de sua estrutura, propriedades e funcionamento. Foucault quer fazer uma analítica do poder pela qual este deixa de ser visto como um objeto dado, natural a ser descrito ou uma essência a ser representada; quer mostrar que ele é assim visto de modo unitário, monolítico, mas que no seu gérmen ele foi constituído a partir da confluência de estratégias plurais. O nominalismo de Foucault é reiterado. "O poder não é uma instituição, não é uma estrutura, não é uma certa potência da qual alguns seriam dotados: é o nome que atribuímos para uma situação estratégica complexa numa sociedade dada" (FOUCAULT, 1976, p. 123).

Lebrun segue a argumentação: "Ainda que o poder não seja uma coisa, ele torna-se uma, pois é assim que a maioria dos homens o representa" (LEBRUN, 1995, p. 21). Ainda é possível insistir favoravelmente a Foucault, citando a passagem do curso *Il faut défendre la société* na qual detalha seu objetivo:

> Não tomar o poder como um fenômeno de dominação massivo e homogêneo – dominação de um indivíduo sobre os outros, de um grupo sobre os outros, de uma classe sobre as outras –; ter bem em mente que o poder, exceto ao considerá-lo de muito alto e de muito longe, não é algo que se partilhe entre aqueles que o têm e que o detêm exclusivamente, e aqueles que não o têm e que são submetidos a ele. Creio que o poder tem que ser analisado como algo que circula, ou melhor, como algo que só funciona em cadeia. Jamais ele está localizado aqui ou ali, jamais está entre as mãos de alguns, jamais é apropriado como uma riqueza ou um bem. O poder funciona. O poder se exerce em rede e, nessa rede, não só os indivíduos circulam, mas estão sempre em posição de serem submetidos a esse poder e também de exercê-lo. Jamais eles são o alvo inerte ou consentidor do poder, são sempre seus intermediários. Dito de outra maneira, o poder transita pelos indivíduos, não se aplica a eles (FOUCAULT, 1997b, p. 26).

Se o poder não se aplica aos indivíduos pela relação de mando e obediência limitando-se a transitar por eles, permanece a dificuldade em saber como propor resistências efetivas a esse poder se os próprios indivíduos já nascem sujeitados no seu jogo.

No curso *Il faut défendre la société* (1997b) Foucault aponta para a ampliação de domínios de sua analítica do poder, o que, de fato, ocorre no curso *Sécurité, territoire, population* (2004b). Essa ampliação de domínios é relevante para esse estudo porque, por meio dela, a produção da verdade deixa de ser pensada somente como efeito de poder, na condição de justificação racional de estratégias de poder atuantes nas práticas sociais. Isso ocorre porque a problematização da governamentalidade, no sentido de condução de condutas, possibilitará a constituição de resistências efetivas às diferentes formas de governo.

A desobstrução dos jogos de verdade em relação às matrizes objetivadoras do poder será condição para a problematização das práticas de subjetivação. Nelas, o sujeito deixa de ser mero objeto constituído pela correlação entre estratégias de poder e tecnologias de verdade para tornar-se objeto de sua própria constituição. A verdade, no sentido de saberes verdadeiros, é transformada em instrumento valioso a ser subjetivado a partir do pano de fundo formado pela articulação entre governo dos outros (política) e governo de si mesmo (ética).Vale ressaltar, porém, que a ênfase no governo de si ou domínio da ética não constitui uma invenção dos anos 1980; ele já se encontra presente na nova configuração das resistências em *Sécurité, territoire, population* (2004b), em face da governamentalidade.Tais resistências, mais efetivas e identificáveis, porque agora referidas à interação entre as dimensões microfísica e macrofísica do poder, serão designadas genericamente de contracondutas.

Será a partir dessa conotação das resistências que, pela primeira vez, Foucault transita pelo conceito de subjetivação, de práticas de subjetivação, do modo singular como ela está presente embrionariamente no cristianismo monástico primitivo. No entanto, mais do que representar um momento de transição em seu pensamento, a introdução da governamentalidade constituirá no novo pano de fundo da relação entre sujeito e verdade, pela qual paulatinamente torna-se possível postular uma "ética do saber e da verdade" (FOUCAULT, 2001, p. 227).

CAPÍTULO IV
Governo e atitude crítica

O "silêncio" de Foucault após a publicação de *Histoire de la sexualité, I: la volonté de savoir* (1976), ao não escrever nos anos seguintes a sequência dos demais volumes prometidos à editora Gallimard, foi cogitado como um provável abandono da atividade da escritura. A razão principal fora a sensação de ter sido mal interpretado, sobretudo quando acusado de ter negado a repressão da sexualidade. Nessa época é que Baudrillard escreve seu livro *Oublier Foucault*, com grande sucesso de vendas; é publicado ainda o livro *Le Pénis ou la démoralisation de l'Occident* de Jean-Paul Aron e de Roger Kempf, considerado pelos críticos como um "anti-Foucault".

A reserva maior em relação ao livro de Foucault por parte da intelectualidade francesa da época tem como razão o despropósito do genealogista quando torna solidárias correntes de pensamento normalmente consideradas bem diferentes, tais como a "psicanálise lacaniana, o freudomarxismo e as teorias do desejo" (ERIBON, 1989, p. 286-293).

Contrariamente à hipótese de que Foucault teria desistido da escritura, a publicação dos quatro volumes de *Dits et écrits* em 1994 e a recente edição dos cursos do final da década de 1970 e início da década de 1980 apontam para outra leitura, ainda que póstuma. Ora, nos textos reunidos em 1994 proliferam os artigos; quanto aos cursos, sabe-se que eram cuidadosamente escritos, antes de seu pronunciamento. A partir de então, uma trajetória aparentemente dispersa, é reunida em torno de problemáticas que adquirem envergadura e são incorporadas num pensamento instigante. Não fora Foucault que questionara os limites da obra na unidade do livro? Então como incluir no silêncio de Foucault os cursos abertos ao público, artigos em jornais e revistas especializadas, além das conferências no exterior que nessa época proliferam?

Sécurité, territoire, population (2004b) e Naissance de la biopolitique (2004a), editados por Michel Sennellart, constituem claramente a ampliação de domínios na analítica do poder, já anunciada no final de *Histoire de la sexualité, I* (1976), e no último capítulo do curso *Il faut défendre la société* (1997).

Um dos elementos significativos desses cursos é o propósito comum da elaboração de uma "história da governamentalidade no Ocidente"[37] desde a emergência do "poder pastoral"[38] no monaquismo cristão do século IV até a perspectiva econômica do ordoliberalismo alemão e do neoliberalismo americano do século XX, cruzando pela "razão de Estado"[39] dos séculos XVI e XVII e pela tecnologia de governo liberal dos séculos XVIII e XIX. A inovação de tal projeto é sua perspectiva de abordagem. Ao contrário de análises filosóficas tradicionais que se detêm na história das doutrinas políticas e suas ideologias, Foucault almeja salientar o *modus operandi* das tecnologias políticas e seus mecanismos de racionalização.

Grosso modo, até o início da segunda metade dos anos 1970 Foucault elabora uma microfísica do poder, introduzindo o estudo das tecnologias disciplinares que a partir do final do século XVII e ao longo do século XVIII são aplicadas nos corpos individuais mediante práticas de sequestro efetuadas na sociedade ocidental europeia, tais como o internamento, o aprisionamento e o confinamento.

A disciplina funciona como anatomia política do detalhe cujo efeito é a sujeição da subjetividade: ela corrige e pune a superfície do corpo para nela produzir uma realidade incorporal, uma "alma" (FOUCAULT, 1975, p. 34); ela "tenta reger a multiplicidade dos homens na medida em que essa multiplicidade pode e deve redundar em corpos individuais que devem ser vigiados, treinados, utilizados, eventualmente punidos" (FOUCAULT, 1997b, p. 216). Exemplos da aplicação das tecnologias disciplinares podem ser encontrados no livro *Surveiller et punir* (1975), na conferência *La vérité et les formes juridiques* (1994b), nos cursos proferidos no *Collège de France*

---

[37] "No fundo, se quisesse dar ao curso que elaborei esse ano um título mais exato, não teria escolhido certamente 'segurança, território, população'. O que gostaria de fazer agora, se verdadeiramente quisesse fazê-lo, seria algo que denominaria uma história da 'governamentalidade'" (FOUCAULT, 2004b, p. 111).

[38] Sobre o "poder pastoral", ver FOUCAULT, 2004b, p. 128-156.

[39] "A razão de Estado é o princípio ou método de racionalidade de governo do Estado administrativo do final do século XVI, cujo objetivo é o fortalecimento e o crescimento do Estado por meio de uma política econômica mercantilista e do estímulo ao crescimento e a atividade da população (saúde, higiene, natalidade, etc.)" (FOUCAULT, 2004b, p. 245-252).

a partir de 1971, especialmente os já publicados *Le pouvoir psychiatrique* (2003) e *Les anormaux* (1999), além de inúmeros trabalhos em *Dits et écrits*, volume II (1994b).

A partir da última aula de *Il faut défendre la société* (1997b) e do capítulo final de *Histoire de la sexualité, I* (1976) a tecnologia de poder disciplinar é incorporada como parte do amplo domínio denominado de "biopoder" (FOUCAULT, 1976, p. 185).

Diferentemente do poder disciplinar, o biopoder é aplicado:

> À multiplicidade dos homens, não na medida em que eles se resumem em corpos, mas na medida em que ela forma, ao contrário, uma massa global afetada por processos de conjunto que são próprios da vida, que são processos como o nascimento, a morte, a produção, a doença, etc. (FOUCAULT, 1997b, p. 216).

A massa global, objeto de aplicação do biopoder é a "população".[40] Portanto, o domínio dos corpos individuais como objeto de aplicação do poder disciplinar é ampliado para o domínio da vida da população, objeto de atuação do biopoder. No fundo, ambos os objetos são multiplicidades, à diferença que num caso a ênfase é o controle minucioso dos corpos, e noutro, a regulação massiva da vida: individualização e totalização.

O biopoder não exclui o poder disciplinar, apenas o distribui diferentemente. Se o poder disciplinar, que começa no século XVII, é exercido sobre o homem-corpo, o biopoder surge no final do século XVIII direcionado para o homem-espécie. Se na disciplina dos corpos atua o mecanismo da sujeição de modo a torná-los "dóceis e úteis", o biopoder aplicado à população tem como efeito seu controle mediante a biopolítica das regulações.

Em *Sécurité, territoire, population* (2004b, p. 3) o fio condutor da perspectiva do biopoder é retomado, mas com algumas diferenças. Embora o campo de atuação continue sendo a população por parte da biopolítica moderna, seus instrumentos agora são denominados de técnicas de segurança. Mas essas técnicas são inassimiláveis à teoria da soberania clássica, cuja função principal consiste em manter a "segurança do território" (FOUCAULT, 2004b, p. 66-67) em relação aos perigos externos. Pelo contrário, os mecanismos utilizados pelo biopoder velam pela "segurança do conjunto em relação

---

[40] Em *Histoire de la sexualité, I*, há uma concepção análoga de população levando em conta "a proliferação, os nascimentos e a mortalidade, o nível de saúde, a duração da vida, a longevidade com todas as condições que podem fazê-las variar" (FOUCAULT, 1976, p. 183).

aos seus perigos internos" (Foucault, 2004b, p. 216); ou seja, eles atuam sobre uma população.

Nas primeiras aulas de *Sécurité, territoire, population* são estudados três mecanismos de segurança cujo fim é preservar a população de suas ameaças internas: a exclusão dos leprosos na Idade Média, em virtude da qual a sociedade é dividida entre aqueles com quem se pode conviver e aqueles que devem ser excluídos mediante um conjunto jurídico de leis, regulamentos e rituais religiosos; em seguida, a quarentena da peste entre os séculos XVI e XVII, durante a qual um conjunto de indivíduos é isolado num espaço específico e submetido a práticas de vigilância e de controle de tipo disciplinar; enfim, as práticas de vacinação e inoculação para o controle da varíola no final do século XVIII, que, à diferença do caso da lepra que resulta na exclusão ou do período da quarentena da peste que atua mediante mecanismos de controle e de vigilância disciplinar, supõe a adoção de medidas em relação a um grupo de indivíduos que conformam uma *população*[41] mediante técnicas de governo que visam à regulação estatística da natalidade e da mortalidade, da saúde e da doença etc. Foucault (2004b, p. 377) ressalta que a medicina social e a higiene pública da segunda metade do século XVIII são abordadas na gestão das forças estatais mediante uma biopolítica que trata a população como "um conjunto de seres vivos e coexistentes, que apresentem traços biológicos e patológicos particulares, e que, por conseguinte, dizem respeito a saberes e técnicas específicas".

Se o biopoder precisa ser gerido por forças estatais que conformam uma biopolítica, a essa gestão do homem-espécie Foucault denomina "governo". É significativo ressaltar que Foucault chega à conceituação do poder como governo mediante o estudo dos mecanismos de segurança aplicáveis ao controle da vida da população e que, no entanto, logo os deixa de lado, de modo que a tripartição inicialmente proposta: "segurança--território-população" é deslocada por essa outra: "segurança-população--governo" (Foucault, 2004b, p. 91).

Trata-se de nuançar os contrastes fundamentais entre o governo do território e o governo da população. Para isso, Michel Foucault estabelece

---

[41] Trata de saber "quantas pessoas são acometidas de varíola, a que idade, com quais efeitos, qual mortalidade, quais lesões ou seqüelas, quais riscos se corre ao deixar-se inocular, qual é a probabilidade segundo a qual um indivíduo correrá o risco de morrer ou será atingido pela varíola, apesar da inoculação, quais são os efeitos estatísticos sobre a população em geral [...]" (FOUCAULT, 2004b, p. 12).

diferenças entre *O Príncipe* de Maquiavel e *Le miroir politique* de Guillaume La Perrière.

No modelo da soberania política defendido por Maquiavel, a preocupação primeira é com a manutenção da segurança do território, ficando em segundo plano o conjunto da população como alvo do governo. Para Guillaume La Perrière (*apud* FOUCAULT, 2004b, p. 99-115, nota 15), o governo caracteriza-se pela "correta disposição das coisas, das quais nos encarregamos para conduzi-las ao fim conveniente", desde que por "coisas" seja compreendida a complexidade de "homens e coisas". Quer dizer que constituem objetos de governo os *homens* nas suas relações com as riquezas, com os recursos e o território, com os costumes, hábitos, as maneiras de fazer e de pensar; eles continuam sendo objetos de governo quando a preocupação do governante é com os acidentes e infelicidades, tais como a fome, as epidemias, a morte, etc.

Muito poderia ser discorrido sobre o contraste estabelecido por Foucault se esse trabalho fosse eminentemente de filosofia política. No entanto, interessa apenas demarcar os objetos diferentes de governo, aquele preocupado com o território e aquele aplicado à população e às suas contingências. Ou ainda, salientar que é a gestão da população e não tanto a segurança do território que está na emergência da prática do governo no Ocidente.

Quando o genealogista consulta os dicionários históricos da língua francesa, observa que o verbete "governar" tem um significado material e moral, porém, jamais o sentido de governo administrativo do Estado ou de seu território. No sentido material, governar concerne ao deslocamento de uma população no espaço ou de seu movimento em busca de subsistência.

No sentido moral, governar designa a condução de condutas, num duplo aspecto. Conduzir condutas pode significar tanto a "atividade que consiste em conduzir" quanto "a maneira pela qual nos conduzimos, o modo pelo qual nos deixamos conduzir, a maneira pela qual somos conduzidos e pela qual, por fim, nos comportamos sob efeito de uma conduta que seria ato de conduta ou de condução" (FOUCAULT, 2004b, p. 197). Portanto, a atividade de conduzir condutas é inseparável da maneira de se conduzir, da atitude de resistência a uma condução específica. A adequada compreensão dessa dupla designação é fundamental para entender como Foucault desloca-se paulatinamente da ênfase na analítica do poder em direção da ética do sujeito, na qual o pano de fundo será a interdependência incessante entre governo dos outros e governo de si mesmo.

Como o fio condutor de nosso trabalho é a relação entre sujeito e verdade, será a designação "moral" de governo a privilegiada nesse momento, sem esquecer a quantidade de vezes e as variações que Foucault atribui a governo e governamentalidade a partir de 1978.[42]

Uma das hipóteses desse item é que, desde que as práticas de discursividade são examinadas no campo da governamentalidade, no sentido de direção de condutas, as resistências deixam de ser pensadas como forças capilares e infinitesimais e passam a se referir a práticas de subjetivação política.

Em *Sécurité, territoire, population* (FOUCAULT, 2004b) são evidenciadas as passagens nas quais a governamentalidade emerge no Ocidente sob a designação de governo das almas[43] devido à fecundidade do contraste que

---

[42] Prevalece no curso a concepção política de governamentalidade, que, por sua vez, tem múltiplas aplicações, como segue: "Por 'governamentalidade' entendo o conjunto constituído pelas instituições, procedimentos, análises e reflexões, os cálculos e as táticas que permitem exercer essa forma bem específica, ainda que complexa, de poder que tem por alvo principal a população, por forma maior de saber a economia política, por instrumento técnico essencial os dispositivos de segurança. Segundo, por 'governamentalidade', entendo a tendência, a linha de força que, em todo o Ocidente, não cessou de conduzir, e desde muito tempo, à preeminência desse tipo de poder que podemos chamar de 'governo' sobre todos os outros: soberania, disciplina, e que, de um lado, levou ao desenvolvimento de toda uma série de aparelhos específicos de governo [e, de outra parte], o desenvolvimento de toda uma série de saberes. Enfim, por 'governamentalidade', creio que seria preciso entender o processo ou, antes, o resultado do processo pelo qual o Estado de justiça da Idade Média tornou-se, nos séculos XV e XVI, Estado administrativo, encontrou-se pouco a pouco 'governamentalizado'" (FOUCAULT, 2004b, p. 111-112). Em *Naissance de la biopolitique*, o conceito de governo é absorvido pelo de governamentalidade. Um e outro constituem a chave geral das relações de poder designando "a maneira pela qual se conduz a conduta dos homens" (FOUCAULT, 2004a, p. 192). Nesse aspecto, a análise da biopolítica não pode ser elaborada sem a compreensão da racionalidade governamental de caráter econômico que modificará a razão de Estado renascentista, como é o caso da "tecnologia de governo liberal" posterior (FOUCAULT, 2004a, p. 24). Em *Du gouvernement des vivants*, conforme nos indica seu resumo, os conceitos de governo e de governamentalidade designam a mesma coisa, qual seja, o campo semântico do governo em geral no significado amplo de "técnicas e procedimentos destinados a dirigir a conduta dos homens. Governo das crianças, governo das almas ou das consciências, governo de uma casa, de um Estado ou de si mesmo" (FOUCAULT, 1994d, p. 125).

[43] Em 1975, Foucault (1999, p. 45) já falava de "artes de governar", de "governo" e de "governo pastoral". As "artes de governar" fazem referência ao "governo das crianças", ao "governo dos loucos", ao "governo dos pobres" e logo, ao "governo dos operários". Mas esse governo é entendido no quadro cronológico que começa com a Reforma e a Contrarreforma do século XVI até a emergência do dispositivo de normalização disciplinar do século XIX. É ainda na perspectiva dos mecanismos de normalização que a pastoral, enquanto tecnologia de governo das almas é situada ao lado do poder disciplinar sobre os corpos. "No momento em que os Estados estavam se colocando o problema técnico do poder a exercer sobre os corpos e dos meios pelos quais seria efetivamente possível pôr em prática o poder sobre os corpos, a Igreja, de seu lado, elaborava uma técnica de governo das almas, que é a pastoral, a pastoral definida pelo concílio de Trento e retomada, desenvolvida

poderá ser estabelecido com as práticas de direção pagãs, estudadas por Foucault a partir de 1980. Além disso, é pela problematização do governo das almas que o filósofo estuda, pela primeira vez, o conceito de contraconduta, de relevante interesse para esse item do estudo.

Em *Sécurité, territoire, population*, o governo das almas é considerado uma arte que atua como pano de fundo da "história da governamentalidade" (FOUCAULT, 2004b, p. 111)[44] no Ocidente. A arte do governo das almas é genericamente denominada de "poder pastoral". Na sua especificidade pastoral, o governo é abordado em função da estruturação de mecanismos de poder de cunho religioso que remontam os séculos III e IV d. C. e se estendem até o século XVIII, sofrendo reformulação significativa no século XVI, por ocasião da Reforma protestante e da Contrarreforma.[45]

Vale ressaltar que a arte de governar, derivada da relação entre pastor e rebanho, raramente é encontrada nos textos arcaicos gregos e é praticamente inexistente no pensamento político do Império romano. Entre gregos e romanos, governa-se diretamente uma cidade ou um império e somente de modo indireto as pessoas que o constituem.

Metaforicamente situado, o governo da cidade assemelha-se ao do piloto de uma embarcação cuja função é conduzi-la ao porto seguro, sendo o governo da tripulação exercido indiretamente (FOUCAULT, 2004b, p. 126-127). Tal arte ou tecnologia de governo é notável no aspecto religioso já que entre os gregos não há a ideia de que deus conduz o povo do modo como mais tarde se entende que o pastor conduz seu rebanho. O deus grego funda a cidade, ajuda na construção dos muros, tem sua morada num lugar privilegiado, seja no templo ou na sua cidade, configurando um deus territorial.

---

em seguida por Carlos Borromeu" (FOUCAULT, 1999, p. 165). Alguns aspectos da pastoral cristã, aplicados ao estudo da prática da confissão e da direção de consciência, já foram estudadas no item "A confissão dos desejos".

[44] Preferimos escolher a tecnologia do poder pastoral como chave de análise não apenas porque ela é o pano de fundo da governamentalidade, mas porque é por meio dessa tecnologia que Foucault situa de uma nova forma as resistências ao poder, o que, por sua vez, permitirá compreender de um modo novo a crítica da verdade no seu pensamento.

[45] Uma das novidades da problemática do poder pastoral no curso de 1978, em relação ao curso de 1975, é sua extensão cronológica. Em *Les anormaux*, o poder pastoral basicamente era considerado a partir da Contrarreforma católica do século XVI, ocasião em que a Igreja católica preocupou-se com a formação detalhada e rigorosa dos pastores em reação à negação do sacramento da ordem e da penitência e, principalmente, da crítica à venda de indulgências, feita por Lutero.

A tecnologia de governo pastoral provém do Oriente mediterrâneo: dos egípcios, sírios e mesopotâmios. Nessas culturas, porém, nem sempre ela possui significado religioso. Caso diferente é o governo pastoral observado entre os hebreus, marcado pela relação única na qual Deus conduz seu povo. Sendo Deus o verdadeiro pastor, somente ele exerce perfeitamente seu governo sobre o povo. O guia humano é apenas intermediário do pastoreio de Deus sobre o povo. À diferença da tecnologia de governo da pastoral cristã, a religião judaica não se institucionaliza como Igreja.

Se por pastoral for entendida a tecnologia de governo dos homens ou a arte da condução de condutas, ela deve sua especificidade ao cristianismo. No entanto, a abrangência do termo "cristianismo" o torna inadequado para designar a multiplicidade de realidades coberta pelo "poder pastoral".

O poder pastoral é um processo único na civilização ocidental:

> [...] pelo qual uma religião, uma comunidade religiosa constituiu-se como Igreja, ou seja, como uma instituição que pretende o governo dos homens na sua vida cotidiana sob pretexto de *conduzi-los* à vida eterna no outro mundo, e isso em escala não apenas de um grupo definido, não somente de uma cidade ou de um Estado, mas da humanidade inteira (FOUCAULT, 2004b, p. 151, grifo nosso).

A genealogia da tecnologia de governo pastoral prescinde da história da instituição Igreja, das doutrinas e crenças cristãs, de suas representações religiosas e práticas reais. Tem sido reiterado nesse estudo que Michel Foucault não faz a história das instituições, mas das práticas nelas presentes que buscam reproduzir-se por meio da constituição de sujeitos e produção de verdades.

Quando o filósofo estuda a governamentalidade está pensando no exame de práticas, maneiras de fazer, *modos* de aplicação do governo, seu desenvolvimento e refinamento sucessivo e o saber vinculado a seu exercício. Por conseguinte, trata-se de estabelecer articulações entre estratégias de poder e suas justificações de verdade mediante o governo dos homens.

Foucault utiliza um modo de análise recorrente em sua investigação. Na análise da tecnologia disciplinar, ela consiste no deslocamento das relações de poder de sua abordagem institucional e funcionalista para outra exterior e genealógica. No lugar da história da psiquiatria institucional, a abordagem de suas estratégias segregativas; em vez da história do sistema penal, a análise das tecnologias disciplinares.

No estudo da governamentalidade é deixado de lado o método da história da instituição do Estado para privilegiar a tecnologia geral de governo que garante suas mutações, seu desenvolvimento e seu funcionamento. "Pode-se falar de algo como uma 'governamentalidade', que seria para o Estado o que as técnicas de segregação eram para a psiquiatria, o que as técnicas de disciplina eram para o sistema penal, o que a biopolítica era para as instituições médicas?" (FOUCAULT, 2004b, p. 151). Analogamente, na abordagem do governo pastoral é possível deslocar-se da análise institucional e funcionalista da Igreja em direção da tecnologia geral de poder designada como pastoral?

Nos primórdios do cristianismo, o governo pastoral não fora considerado uma instituição necessária. Ele foi pensado como arte de governar. Gregório Nazianzeno define governo pastoral como *"tékhne tekhnôn, epistémê epistémôn,* 'arte das artes', 'ciência das ciências'" (FOUCAULT, 2004b, p. 154), cuja finalidade é "conduzir o ser humano".[46] Gregório, o Grande, por sua vez, designa a *ars artium* da Pastoral como *regimen animarum*, governo das almas.

Vale lembrar que antes dos séculos XVII-XVIII a *ars artium* era a filosofia, de modo que seu adversário não era propriamente a teologia e sim a pastoral, a saber, uma "arte pela qual ensinamos as pessoas a governar os outros ou ensinamos os outros a se deixar governar por alguns" (FOUCAULT, 2004b, p. 154).

A institucionalização da religião cristã como Igreja e a formação das comunidades cenobíticas, a partir do século III, possibilitam à condução de condutas do poder pastoral ser aplicada ao modo de governamentalização. Foucault entende com esse termo a "prática social de sujeitar os indivíduos por mecanismos de poder que reclamam de uma verdade" (FOUCAULT, 1990, p. 39).

Ao tratar da governamentalização pastoral, procura-se destacar como as práticas da obediência integral e da confissão exaustiva sujeitam os indivíduos na medida em que deles é exigida a renúncia completa da vontade. A produção da verdade interior e escondida mediante a exploração dos segredos individuais tem como justificativa primeira livrar o indivíduo da influência perniciosa do Maligno que se imiscui entre os pensamentos provenientes de Deus; no entanto, ela poderia ser genealogicamente atribuída como um mecanismo de reprodução e legitimação do governo pastoral, da condução de condutas.

---

[46] Grégoire de Nazianze (*apud* FOUCAULT, 2004b, p. 163, nota 46).

Obediência e sujeição

Michel Foucault destaca que o governo pastoral cristão é uma estratégia de poder singular porque desloca temas comuns da magistratura grega e da condução judaica que são a salvação, a lei e a verdade. No tema da salvação, a pastoral deixa de lado a questão grega da comunidade de destino e o tema judaico do bom pastor, deslizando-se para a "identificação analítica". No tema da lei, ela prescinde do modelo grego do respeito às normas em virtude da convicção racional ou do padrão judaico da correta observância dos mandamentos, deslocando-se para a rede de obediência integral cujo efeito é a "sujeição da individualidade". No tema da verdade, ela se movimenta do ensino grego da filosofia ou do ensino judaico das tábuas da lei, ao privilegiar a ideia de que o ensinamento precisa estar acompanhado pela direção da consciência cujo efeito é a "produção de uma verdade interior" (FOUCAULT, 2004b, p. 187).

Michel Foucault aponta a singularidade do governo pastoral quando trata de temas comuns entre gregos e hebreus por eles pensados como relações globais; mas os desloca pelo complexo jogo de constituição de identidade, sujeição da individualidade e hermenêutica da verdade.

A respeito da questão da salvação, entre gregos e hebreus prevalece o tema da comunidade de destino segundo a qual tudo aquilo que ocorre com a comunidade tem como causa algo relacionado a seu líder, e vice-versa. Quando os males se abatem sobre uma cidade, a causa é situada no seu líder. Inversamente, quando tiranos se mantêm no poder, tal infortúnio é atribuído como castigo divino devido à injustiça ou à ingratidão do povo para com o deus. A legitimação política do tirano depende da recorrência das faltas praticadas na cidade pelo povo. Trata-se, pois, de relações globais entre comunidade de destino e aquele que dela é o encarregado de conduzi-la.

Na questão da salvação, a pastoral cristã desliza-se de relações globais para a identificação analítica. Semelhante ao modelo grego e judaico, há reciprocidade entre pastor e rebanho. No entanto, sua complexidade é maior considerando que se tratam de relações "integralmente e paradoxalmente distributivas" (FOUCAULT, 2004b, p. 172). Integralmente distributivas, porque o pastor precisa assegurar a salvação de *todo* rebanho, mas também cuidar da salvação individual de cada ovelha. Paradoxalmente distributiva, porque, quando uma ovelha se perde ou escandaliza o rebanho, precisa ser afastada de seu convívio; mas ao mesmo tempo a ovelha desgarrada merece o mesmo cuidado e a mesma complacência que recebe o rebanho por parte do pastor, de modo que é preciso abandonar provisoriamente o rebanho para tentar reconduzir a ovelha perdida.

Das complexas relações distributivas do governo pastoral seguem alguns princípios, a começar pelo "princípio da responsabilidade analítica" (FOUCAULT, 2004b, p. 173). Ele supõe que, no fim do dia ou no final dos tempos, o pastor deverá responder por suas ovelhas, levando em conta tanto sua distribuição numérica e individual (se nenhuma delas se perdeu ou se ele as cuidou com esmero) quanto sua distribuição qualitativa e factual, prestando contas de cada um de seus atos e gestos. Pelo princípio da "transferência exaustiva e instantânea" (FOUCAULT, 2004b, p. 173) os méritos ou deméritos de cada ovelha a respeito de tudo aquilo que ela fez a cada instante, deverão ser considerados como se fossem ações do próprio pastor. Se uma ovelha fez algo de bom, tal ação deverá ser considerada também como um bem do pastor; inversamente, ele entrará em desolação ou arrependimento cada vez que uma ovelha recair ou algo de ruim venha lhe acontecer. Pelo princípio da "inversão do sacrifício" (FOUCAULT, 2004b, p. 174) o pastor deve arriscar sua salvação e perder-se não apenas junto de sua ovelha, mas colocando-se em seu lugar. Para salvá-la é preciso que ele corra o risco de morrer, no sentido biológico e espiritual, expondo sua vida e sua alma, visando a salvar a vida e a alma de cada ovelha. Sabe-se que o diretor de consciência cristão tem como função escutar tudo o que ocorre na consciência do dirigido, mas com isso ele expõe sua alma à tentação. Mas é justamente quando ele aceita morrer pelos demais que poderá ser salvo. Pelo "princípio da correspondência alternada" (FOUCAULT, 2004b, p. 175) tem-se a seguinte situação: se for o mérito das ovelhas que constitui o mérito do pastor, também é verossímil que o mérito do pastor deixaria de ser meritório se as ovelhas já fossem perfeitas. Inversa e paradoxalmente, quando as fraquezas do pastor são humildemente reconhecidas por ele diante de seu rebanho, elas contribuem para a salvação do rebanho, do mesmo modo que as fraquezas do rebanho colaboram para a salvação do pastor. Na medida do possível, o pastor deve ser aquele que dá o exemplo e melhor se aproxima da perfeição; no entanto, o exemplo deve ter como fim induzir a salvação do rebanho, e não o desejo de ser perfeito, o que poderia conduzi-lo ao orgulho e como consequência, a perdição da alma.

Convém lembrar que a reciprocidade entre pastor e rebanho e a economia dos méritos e deméritos que o pastor incessantemente precisa gerir não garantem nem a salvação do pastor, nem a do rebanho. A garantia da salvação compete apenas a Deus. Cabe ao pastor somente gerir as sutilezas, as trajetórias, os circuitos, a economia dos méritos e deméritos sempre na incerteza absoluta da salvação. O governo pastoral desloca-se de uma soteriologia global entre gregos e judeus para privilegiar tecnologias de transferência, procedimentos de inversão e jogos de apoio entre elementos contrários. Em cada momento a decomposição de méritos e deméritos que resulta na individualização não ocorre em virtude de um estatuto do indivíduo, mas como efeito da identificação analítica.

Particularmente significativa é a diferença do governo pastoral em relação à magistratura grega e ao tema hebraico do bom pastor, no que concerne ao tema da lei.

Um cidadão grego aceita ser dirigido somente quando se trata do respeito às leis e às decisões da Assembleia ou diante das ordens do magistrado, sempre que atendam ao bem comum ou privado; ele pode ainda aceitar ser dirigido se estiver convencido ou persuadido pelos argumentos da retórica, situação em que o orador convence o auditório ou o médico persuade o doente sobre a necessidade de empreender um regime. No caso dos hebreus, a observância correta das leis e dos mandamentos de Deus basta ao homem para salvar-se. Decorre a parca importância da existência de pastores.

A especificidade do governo pastoral diante dos modelos anteriores é que ele prioriza a relação de obediência integral entre indivíduos: um que dirige e outro, dirigido. À diferença do judaísmo, para o qual é fundamental a observância da lei, trata-se agora da obediência individual à vontade ou às vontades de Deus. O pastor não é o homem de uma lei globalizante e massiva, limitando-se a ser o operador de uma ação conjuntural e individualizante; tampouco é o juiz que pune, mas o médico cuja função é atuar na cura as doenças da alma. Embora eventualmente conduza o fiel ao conhecimento das leis e às decisões da comunidade e da Igreja, seu modo de agir é sempre individualizado.

No que concerne à atitude da ovelha para com o pastor, ela se caracteriza pela obediência integral. Não se trata de obedecer a princípios razoáveis de conduta, e sim de desenvolver a atitude da obediência. Tratando-se de relação entre indivíduos pouco importa o teor das ordens que venha a aceitar, mas que obedeça em cada instante de sua vida cotidiana. A obediência é perfeita quando o conteúdo a ser obedecido é absurdo, porque nesse caso o indivíduo renuncia completamente sua vontade, colocando-se inteiramente à disposição de Deus.

A obediência é considerada ainda integral porque em razão de sua finalidade é descartado que algum dia se deixe de obedecer. Entre os gregos, se alguém aceita ser conduzido pelo professor de retórica ou pelo mestre de ginástica é porque pretende alcançar um resultado, como o conhecimento de uma profissão ou o senhorio sobre si mesmo. Embora a obediência constitua passagem necessária para o alcance de tais propósitos, alguém obedece para deixar um dia de obedecer. Quanto à obediência do governo pastoral, é infinita. À diferença do discípulo grego, o monge almeja chegar ao *estado* de obediência, à *atitude* obediente. Ele obedece para *ser* obediente.

O estado de obediência é condição para alcançar a humildade. O humilde, porém, difere daquele que reconhece ter pecado muito ou do que aceita qualquer tipo de ordem. É o indivíduo convicto de que a vontade própria é ruim. A renúncia de si da qual tanto se fala na direção cristã concerne à mortificação completa da vontade, de modo que "não haja outra vontade senão a de não ter vontade" (FOUCAULT, 2004b, p. 181). A obediência está dirigida para a atitude da *apatheia*, comum na direção grega. No entanto, entre os gregos ela visa chegar ao estado de não passividade, ausência de paixões e domínio de si. Na pastoral cristã, o que é conjurado não é a paixão em si, mas a vontade autorreferente e egoísta. É insuficiente a ausência de paixões; é preciso que a vontade não cesse de renunciar a si mesma.[47]

A obediência é integral porque quem exerce o ofício de pastor não se limita a conduzir o rebanho; ele precisa ser obediente para exercer tal função, razão pela qual deve aceitar o cargo para o qual foi ordenado. Alguém só pode ser qualificado para ser pastor se não recusar o difícil cargo, uma vez que a recusa representaria priorizar a vontade própria. É necessário renunciar à recusa. Segue a constituição da rede de obediência a partir da reciprocidade servidão-serviço da qual decorre a individualização. Esta, por sua vez, deixa de ser pensada como afirmação do eu sendo antes caracterizada pela sujeição incessante da vontade própria.

---

[47] Michel Senellart observa que Foucault não cita nenhuma fonte precisa quando trata da *apatheia*. No entanto, pelos traços que destaca tais como a renúncia ao egoísmo, à vontade singular, o *pathos* compreendido como vontade orientada para si mesmo "mostram que a apatheia pertence ao discurso da ascese cenobítica e monástica, na continuidade da anacorese dos primeiros séculos. Ela faz parte do mesmo sistema de pensamento do qual testemunham as vidas dos Padres do deserto, a Histoire Lausiaque de Paládio, as Instituitions e Conférences de Cassiano, a Règle de São Bento e que, segundo Foucault, encontra seu prolongamento nos escritos de Santo Ambrósio e São Gregório" (SENELLART, 2003b, p. 159-160).

A pastoral cristã não prioriza a aceitação da lei. Diagonalmente instaura um modelo de obediência individual, exaustivo, contínuo e permanente a outrem. Trata-se de individualização que difere da assinalação do lugar hierárquico do sujeito ou da afirmação do domínio de si sobre si, definindo-se pela rede de servidões de todos em relação a todos, ao mesmo tempo em que o ego, o egoísmo como aspecto fundamental do sujeito é excluído. Seu efeito é a individualização por sujeição.

O último elemento deslocado pela tecnologia de poder pastoral é a relação com a verdade. Além da ideia segundo a qual cada indivíduo, durante sua vida e no detalhe de suas ações, precisa ser conduzido e deixar-se conduzir; afora permitir que alguém dirija a salvação pela relação meticulosa de obediência, para salvar-se é necessário a relação com a verdade, num duplo regime.

Para começar, o regime organizado em torno dos *atos de fé*, da adesão a uma verdade revelada, a um dogma ou a um cânon cuja subjetivação consiste na *aceitação* dessa fé, daquele dogma ou cânon.

> A obrigação feita ao indivíduo de aceitar um certo número de deveres, de considerar alguns livros como uma fonte de verdade permanente, de consentir com decisões autoritárias em matéria de verdade, de crer em certas coisas – e não apenas crer nelas, mas ainda mostrar que ele crê nelas – de reconhecer a autoridade da instituição: é tudo isso que caracteriza o cristianismo (FOUCAULT, 1994d, p. 804).

Outro regime é aquele constituído por *atos de verdade* que visam à exploração dos segredos individuais com a intenção de extrair verdades interiores e escondidas na alma.

Perfila-se a tensão entre regime dos atos de fé e regime dos atos de verdade. Na Igreja latina, a *confession*[48] estabelece entre eles pontes, passarelas, tendo em vista que o cristianismo é a religião confessional articulada entre verdade da fé e verdade individual. A compatibilidade se apresenta na medida em que é no contexto do conteúdo dogmático da fé que se desenvolve a enunciação da verdade sobre quem se é (*aveu*).

Discriminar entre o verdadeiro e o falso sobre o que ocorre nos pensamentos, extrair a verdade neles escondida e produzi-la como discurso

---

[48] Até os séculos XII e XIII, o termo *"confession"* era sinônimo de profissão de fé. Pouco a pouco, difundiu-se outro significado da palavra, como um dos desdobramentos da palavra *"aveu"*. Significa que se *"aveu"* é declarar, dizer, admitir algo sobre si mesmo, *"confession"* passa a ser uma das modalidades de *"aveu"*, e se refere especificamente a um dos momentos fundamentais da prática do sacramento da reconciliação e penitência.

a partir da obediência integral a outrem constitui condição fundamental para a purificação da alma, sem a qual é vedado o acesso à salvação (FOUCAULT, 1994d, p. 805).

O interesse do genealogista é pelo regime dos *atos de verdade*, porque ele apresenta a produção de verdade pelo sujeito na prática da direção de consciência. Além da individualização sujeitada observada por ocasião do estudo da obediência integral ao pastor, a direção de consciência enfatiza a necessidade de *dizer tudo* àquele que dirige (mestre, abade, diretor). O ato de verbalizar qualquer movimento do pensamento possui caráter operatório de purificação e é denominado pelos padres gregos de *exagorese*, qual seja a "perpétua discursividade sobre si mesmo" (FOUCAULT, 1980).[49]

A produção de discursos de verdade está atrelada à obediência integral, contínua e autofinalizada. A razão da autofinalização da obediência integral está relacionada com a *exagorese*. O dirigido obedece ao pastor porque suspeita que a presença do Inimigo se misture ao fluxo de seus pensamentos. Na direção de consciência há insistência na identificação dos poderes do Inimigo que se esconde sob as aparências dos próprios pensamentos, a fim de que sejam incessantemente combatidos. Trata-se de batalha interior a ser vencida apenas com a ajuda dos poderes divinos. Obedecer permanentemente ao mestre e submeter-se a seus conselhos constituem o caminho para sair-se vitorioso da batalha.

Relevância é concedida à maneira de condução do exame de consciência. Semelhante às escolas filosóficas estoicas, sua prática abrange a meditação sobre o dia que passou e a permanente vigilância sobre si mesmo. Há, porém, diferenças significativas. Sêneca enfatiza a *ação*, ao comparar o que o indivíduo *fez* durante a jornada e o que se propusera *fazer* anteriormente. Pouco tempo depois, o pensador cristão Cassiano salienta que constitui objeto do exame não tanto o que foi feito ou se deixou de fazer, mas o que está *pensando* o indivíduo no momento do exame. Cassiano refere-se ao modo privilegiado de "discriminar"[50] permanentemente as *cogitationes* que procedem de Deus e as que dele se desviam. Importa apreender os movimentos da alma (*omnes cogitationes*) e sua procedência. O foco da decifração é o pensamento com seu curso irregular e espontâneo,

---

[49] Aula do dia 26 de março de 1980, C 62 (12).

[50] A "*discriminatio*" latina vem da palavra grega "*diacrisis*", que significa distinguir, diferenciar. Ver Aula do dia 26 de março de 1980, C 62 (12); ou ainda, FOUCAULT, 1994d, p. 305-308.

suas imagens, lembranças, percepções e impressões que se comunicam do corpo para a alma e vice-versa.

> O que está em jogo então, não é mais um código de atos permitidos ou proibidos; é toda uma técnica para analisar e diagnosticar o pensamento, suas origens, suas qualidades, seus perigos, seus poderes de sedução, e todas as forças obscuras que podem esconder-se sob o aspecto que ele apresenta. E, se o objetivo é, enfim, expulsar tudo o que é impuro ou indutor de impureza, não se pode estar atento a não ser por meio de uma vigilância que não desarma jamais, uma suspeita que é preciso ter em qualquer lugar e a cada instante contra si mesmo (FOUCAULT, 1994d, p. 307).

Sondar o que ocorre consigo implica isolar a consciência e os movimentos do espírito a fim de verificar se há algo que desvia o pensamento de Deus.

Fascina Foucault na direção da consciência cristã a dramatização da verdade, o acontecimento da verdade pela ação da verbalização. Longe de limitar-se à enunciação de faltas cometidas ou à exposição de estados da alma, o privilégio recai na permanente enunciação de quaisquer movimentos do pensamento e suas intenções. O monge coloca-se em dupla relação: com o confessor e consigo. Com o confessor, na medida em que acredita que sua experiência e sabedoria lhe permitem melhor aconselhar, embora o conselho deixe de ser fundamental na direção. Consigo, porque o que importa mesmo é a decisão pessoal de verbalizar. Discorrer sobre os movimentos da alma já possui o caráter operatório da *discriminatio* entre o bom e o mau pensamento.

O ato decisório de confessar o que ocorre consigo, aliado à humilhação e à vergonha que ele implica, constitui passo decisivo para que o Maligno deixe o sujeito e a verdade seja extraída. Se os pensamentos têm origem pura e correspondem a boas intenções, não há mal algum que sejam revelados. Se procedem do Maligno, há a recusa de dizê-los e a tendência de escondê-los. Recusa em serem verbalizados e vergonha em formulá-los são os sinais indubitáveis de sua *marca* maligna.

Além disso, os maus pensamentos localizados nos arcanos do coração e prontos para tomar posse da alma individual se escondem dela, sem seduzi-la, sempre que estejam prestes a serem confessados. Tal mecanismo tem uma razão cosmoteológica: Satã era um anjo da luz que, devido ao seu desvio, fora condenado às trevas, de modo a ser-lhe interditada a claridade, a transparência.

Desde então está refugiado na obscuridade dos maus pensamentos, nas dobras da alma onde a luz não penetra. Eis porque o gesto de verbalizar é suficiente para conduzir a alma em direção da luz operando a expulsão de Satã, ainda que de modo provisório. Segue que expulsar os maus pensamentos pela boca, exorcizar o mal pela verbalização é tarefa incessante.

Extração da verdade pela enunciação do fluxo dos pensamentos e obediência integral são efeitos centrais da direção de consciência. O vínculo com a verdade visa fortalecer a relação de dependência. O monge examina a consciência para discorrer ao diretor sobre o que experimentou, tentações a que esteve submetido e maus pensamentos que o têm atormentado.

Com respeito à problemática da verdade, o governo pastoral é inovador.

> Se for verdade que o cristianismo, que o pastor cristão ensina a verdade, se ele obriga os homens, as ovelhas, aceitar uma verdade, a pastoral cristã inova absolutamente introduzindo uma estrutura, uma técnica, ao mesmo tempo de poder, de investigação, de exame de si e dos outros pela qual uma verdade, verdade secreta, verdade de interioridade, verdade da alma escondida vai ser o elemento pelo qual se exercerá o poder do pastor, pelo qual [...] será assegurada a relação de obediência integral e através da qual passará a economia dos méritos e deméritos (FOUCAULT, 2004b, p. 186).

A individualização ocorre por meio da extração do segredo individual e escondido de modo a produzi-lo como se fosse a verdade de alguém.

Na articulação com a salvação global, com a lei geral e com a verdade reconhecida, a individualização cristã desliza para a identificação analítica, para a sujeição da individualidade e para a extração da verdade do sujeito. Tecnologias pastorais atuantes na condução de condutas constituíram elemento relevante nos processos de individualização humana na "história do sujeito" ocidental (FOUCAULT, 2004b, p. 187).

O governo pastoral, no sentido de conjunto de mecanismos de condução de condutas, anuncia a governamentalidade secular tal como se desdobra a partir do século XVI em diversos domínios da sociedade.

> Ele preludia [...] a governamentalidade pela constituição tão específica de um sujeito [...] cujos méritos são identificados de maneira analítica, de um sujeito que é sujeitado nas redes contínuas de obediência, de um sujeito que é subjetivado pela extração da verdade que se lhe impõe. Bem, creio que é essa constituição típica do sujeito ocidental moderno que permite, sem dúvida, ser a pastoral um dos momentos decisivos na história do poder nas sociedades ocidentais (FOUCAULT, 2004b, p. 188).

No manuscrito de *Sécurité, territoire, population*, recuperado e transcrito por Michel Senellart, é destacada a sujeição da subjetividade que resulta da individualização do governo pastoral:

> O homem ocidental é individualizado pela pastoral na medida em que ela o conduz à sua salvação fixando para a eternidade sua identidade, em que ela o sujeita numa rede de obediências incondicionais e inculca nele a verdade de um dogma no momento em que extorque o segredo de sua verdade interior. Identidade, sujeição, interioridade: a individualização do homem ocidental durante o longo milênio da pastoral cristã operou-se ao preço da subjetividade (FOUCAULT, 2004b, p. 237).

Ser individualizado: eis o efeito da identificação, da sujeição e da extração da verdade interior. O governo pastoral durante muito tempo foi agente privilegiado de individualização, razão pela qual foi engendrado em torno dele, sobretudo no século XVI, o apetite de pastoral. Este último não se subtrai às relações de governo, somente as dobra pela vontade de "tornar-se sujeito sem ser sujeitado" (FOUCAULT, 2004b, p. 237). Surge, pois, a possibilidade de atuar como sujeito agente da própria subjetivação a partir de *outro modo* de condução que não aquele da obediência integral e incondicional.

As contracondutas

A problematização da governamentalidade e sua especificidade pastoral podem ter possibilitado uma efetividade maior ao desbloqueio do sujeito em relação às matrizes do saber-poder dos escritos da primeira metade do decênio de 1970.

Em *Sécurité, territoire, population* (2004b) o vigor do governo pastoral é qualificado pela multiplicidade das resistências que o acompanha. Não se tratam das lutas entre forças ativas e reativas, mas de condução de condutas limitadas em seu campo de atuação pelas contracondutas.

As lutas mais significativas que povoaram o mundo ocidental do século XIII aos séculos XVII e XVIII foram travadas em torno da tecnologia de poder pastoral: sobre quem tem o direito efetivo de governar os homens na vida cotidiana, quem deve exercê-lo, com qual margem de autonomia, com quais qualificações e limites de jurisdição, etc.? Movimentos mendicantes (século XIII) e Reforma protestante (século XVI) questionam o *modo* de governo pastoral, mas não *o* governo pastoral. Há exigência de modificações, para não dizer reforço de sua atuação.

Importa menos a extinção do governo pastoral do que as lutas *em torno* dele, a reflexão sobre o direito de ser governado, *como* isso ocorrerá e *por quais* agentes.

As lutas são contra a governamentalização, cuja condução tem como efeito a sujeição da subjetividade. Deslocar a governamentalização por outras artes de governar, eis a razão das revoltas de conduta, assim designadas:

> [...] são movimentos que têm por objetivo uma outra conduta, ou seja: querer ser conduzido diferentemente, por outros condutores e por outros pastores, rumo a outros objetivos e a outras formas de salvação, por meio de outros procedimentos e outros métodos. São movimentos que procuram também, eventualmente, em todo caso, escapar à conduta dos outros, estabelecer para cada um a maneira de se conduzir. [...] Em outras palavras, gostaria de saber se diante da singularidade histórica da pastoral não correspondeu a especificidade da recusa, das revoltas, das resistências de conduta (FOUCAULT, 2004b, p.198).

As contracondutas constituem a designação das novas resistências porque elas conservam a duplicidade da noção moral de governo, qual seja a da condução e a de conduzir-se a si mesmo; elas permitem ainda analisar o modo pelo qual alguém *age* em campos diversos. Abrangem, por exemplo, os loucos simuladores de Charcot, os doentes que rejeitam intervenções médicas extraordinárias, dissidentes políticos, resistências à opressão política.

A indissociabilidade entre condução de condutas e contracondutas no governo dos homens segue estratégia análoga à da imanência entre relações de poder e resistências (FOUCAULT, 1976, p. 125). No entanto, Foucault deixa de considerar as relações de poder tomadas somente na sua dimensão infinitesimal. A análise de dispositivos anônimos desliza-se para o governo, no sentido de relação entre indivíduos agentes. As forças germinais de poder (ativas) e de resistência (reativas) dão lugar a ações de conduta e a atitudes de contraconduta, embora permaneça nessas últimas a correlação imediata e fundadora. Se for verdade que as relações de poder não antecedem as resistências, de igual modo o governo pastoral das condutas não é originário com respeito às contracondutas.

As contracondutas religiosas estudadas no século XVI por Michel Foucault são irredutíveis às revoltas políticas contra o poder soberano clássico e, inassimiláveis às revoltas de ordem econômica ao moderno poder explorador do trabalho. Elas assemelham-se às contracondutas atuais por tratar-se de lutas específicas e imediatas contra estratégias de sujeição da subjetividade por parte do poder e da constituição de identidades por parte do saber, decorrentes das antigas tecnologias pastorais e confessionais.

Desde os séculos X-XI até o final do século XVII, as revoltas de conduta de cunho religioso estão vinculadas ao governo pastoral. Mudanças ocorrem no século XVIII, quando antigas funções pastorais são retomadas e deslocadas pelo exercício da governamentalidade de Estado. Os conflitos em torno do governo estarão mais próximos das instituições políticas do que das instituições religiosas.

A partir do século XVI, há a intensificação da pastoral religiosa quanto à dimensão espiritual e à extensão temporal. Na dimensão espiritual, ocorre majoração das condutas de devoção, dos controles espirituais, da relação entre fiéis e seus pastores; quanto à extensão material, a pastoral assume outros âmbitos tais como a propriedade, a educação das crianças, etc. Vale ressaltar nessa época a proliferação da condução dos homens no exterior da autoridade eclesiástica.

A governamentalização pastoral é deslocada pela governamentalidade em outros âmbitos. Na moral, na educação e na instituição familiar povoam as questões: "Como se conduzir? [...] Como conduzir suas crianças? Como conduzir sua família?" (FOUCAULT, 2004b, p. 236). No pensamento filosófico, pergunta-se pelas regras que o sujeito precisa seguir de modo a conduzir-se como convém na vida cotidiana, na relação com os outros e com a autoridade, como proceder para conduzir o espírito à verdade?

A exploração sistemática e exaustiva de tais âmbitos excede os limites do presente estudo. Basta ressaltar que problematização da governamentalidade, mediante a emergência do governo pastoral, serve como indicador da intensificação e proliferação da condução de condutas no âmbito secular, como modo privilegiado de governar no Ocidente. "Com o século XVI, entra-se na idade das condutas, na idade das direções, na idade dos governos" (FOUCAULT, 2004b, p. 236).

Fundamental é reter do estudo de Michel Foucault, o fato de que as contracondutas que levaram à crise da pastoral dos séculos XV e XVI, paradoxalmente não resultaram na rejeição global da condução de condutas. Antes, houve buscas múltiplas em torno de *outros modos* de ser conduzido. Assim, as contracondutas podem ser designadas como *atitudes outras* diante de um governo determinado, de modo a não sucumbir na passividade e na aceitação silenciosa.

A possibilidade de ser conduzido diferentemente (de outro modo, por outros agentes) e a perspectiva de outra atitude diante de um governo específico, correspondem ao duplo significado de contracondutas. Todavia, é significativo sublinhar que a prática de resistências pensadas no sentido de contracondutas historicamente apreensíveis, é correlata de uma formulação de teor mais filosófico, carregada de enorme significado, no mesmo ano de 1978: a atitude crítica.

Atitude crítica e governo

No mês de maio 1978, Foucault é convidado como conferencista na Société Française de Philosophie, ocasião na qual estuda a articulação kantiana entre crítica e *Aufklärung* (FOUCAULT, 1990, p. 35-63). Contudo, como é praxe em seu pensamento, ele se apropria daqueles conceitos, para estendê-los a domínios que excedem a perspectiva kantiana.

Foucault logo aglutina crítica e Esclarecimento, privilegiando a noção de atitude crítica, abordada primeiro de um ponto de vista genérico e, depois, de uma perspectiva específica.

Atitude crítica designa genericamente o surgimento, na Europa ocidental dos séculos XV e XVI, de "uma maneira de pensar, de dizer, igualmente de agir, uma relação com o que existe, com o que sabemos e fazemos, uma relação com a sociedade, com a cultura, com os demais [...]" (FOUCAULT, 1990, p. 36). Apresenta-se como múltipla, dispersa e instrumental atuando em função de domínios específicos, tais como na filosofia, na ciência, na política, na moral, no direito e na literatura.

Especificamente considerada, atitude crítica refere-se à questão recorrente do século XVI: diante da homogeneidade da governamentalização pastoral, "como não ser governado?" (FOUCAULT, 1990, p. 37).

Concomitantemente à extensão de tecnologias de governo para domínios alheios ao governo pastoral; diante do desenvolvimento da inquietação *em torno* da melhor maneira de governar a sociedade e os indivíduos, emerge a peculiaridade da inquietação: "como não ser governado desse modo, por isso, em nome desses princípios, em vista de tais objetivos e por meio de tais procedimentos, não assim, não para isso, não por eles" (FOUCAULT, 1990, p. 38).

A atitude crítica atua como limite das artes de governar[51] impelindo sua modificação embora jamais seu desaparecimento. Exemplos da "arte

---

[51] Tarefa que se assemelha a uma das funções mais profícuas da filosofia enquanto "crítica da razão política", conforme explica Foucault numa conferência pronunciada em 1979, nos Estados Unidos. No entanto,

de não ser governado" (FOUCAULT, 1990, p. 38-39) são encontrados nos domínios da religião, das leis e das ciências.

Quando o governo dos homens é predominantemente espiritual ou prática religiosa ligada ao Magistério eclesiástico e ao cânon da Escritura, rejeitar ser governado dessa ou daquela maneira implica a releitura das Escrituras de modo a estabelecer outra relação daquela normalmente imposta pelo ensinamento do Magistério eclesiástico. Não ser governado supõe fazer a própria Escritura falar ao homem, de modo a poder interpretar subjetivamente o que nela está escrito, sem necessidade absoluta da intermediação da instituição eclesiástica.

> O pastor pode comentar, pode explicar o que é obscuro, pode designar o que é importante, mas, de qualquer modo, isso será para que o leitor possa ler a própria Escritura. E o ato de leitura é um ato espiritual que coloca o fiel em presença da palavra de Deus e que encontra, em consequência, nessa iluminação interior, sua lei e sua garantia (FOUCAULT, 2004b, p. 217).[52]

Interpretar livremente a Bíblia constitui modo fundamental de limitar a atuação do poder pastoral. Ela questiona a univocidade da interpretação eclesial ao perguntar pela autenticidade e veracidade das Escrituras e de seu cânon. Portanto, crítica historicamente bíblica em face da autoridade eclesiástica.

Não querer ser governado desse ou daquele modo materializa-se ainda pela não aceitação passiva de certas leis, por considerá-las injustas. A forma frequentemente ameaçante pela qual o soberano fazia uso das leis escondia uma ilegitimidade essencial. A atitude crítica diante do governo político consistirá na defesa dos direitos universais e imprescritíveis da cidadania diante dos abusos de governos, monarcas, magistrados, educadores ou pais

---

enquanto na conferência de 1978 a "atitude crítica" precede a empresa kantiana e vai além do terreno da razão política, na de 1979, os desdobramentos dessa atitude no âmbito da filosofia têm início no final do século XVIII e se referem apenas à racionalidade política: "[...] a partir de Kant, o papel da filosofia foi impedir a razão de ultrapassar os limites daquilo que é apresentado na experiência; mas, desde essa época, [...] o papel da filosofia tem sido ainda vigiar os abusos do poder da racionalidade política [...]" (FOULCAULT, 1994d, p. 181).

[52] Além da volta às Escrituras, Foucault apresenta outras formas de contracondutas em torno do poder pastoral, no quadro cronológico que vai do século III ao século XVI: o ascetismo dos anacoretas nos primeiros séculos da institucionalização do cristianismo como Igreja; a formação de comunidades que questiona o dimorfismo entre clérigos e leigos e o poder sacramental do sacerdote em situação de pecado; a mística, que possibilita uma comunicação da alma com Deus sem intermediários, questionando assim a direção de almas do poder pastoral e a crença escatológica, pela qual o final dos tempos está se realizando, Deus está voltando para reunir seu rebanho e já não há necessidade de pastores (FOUCAULT, 2004b).

de família. O estudo do direito natural no século XVI cumpre com sua função crítica face ao poder despótico e se estende até hoje. Por conseguinte, a partir da questão de como não ser governado, o direito natural atua como "princípio" de "limitação" do direito de governar (Foucault, 2004a, p. 10). Trata-se de uma crítica jurídica em face daquelas leis consideradas injustas.

Não querer ser governado dessa ou daquela maneira implica também a renúncia em aceitar incondicionalmente algo como verdadeiro porque a autoridade diz que é verdadeiro. O discurso da autoridade merece aceitação apenas se houver boas razões e se o cidadão estiver convicto de que o que lhe é proposto, de fato, é verdadeiro. Desse modo, o ponto de sustentação da crítica consiste em opor a certeza que advém do conhecimento científico em face da autoridade.

A atitude crítica em suas dimensões religiosa, política e epistemológica desemboca no questionamento do magistério por meio da volta às Escrituras, na não aceitação incondicional da lei mediante o estudo do direito natural e na relativização do dogmatismo a partir de argumentos oriundos das ciências. Michel Foucault releva que os jogos estabelecidos entre governo e atitude crítica no domínio de racionalidades específicas têm sido fundamentais para a constituição das ciências filológicas, da análise jurídica e da reflexão metodológico-científica.

Diante das tecnologias de governo, a atitude crítica é constituída pelo feixe de relações que articula poder, verdade e sujeito. No amplo campo da governamentalidade é que o jogo entre verdade e sujeito é estabelecido. "Arte da indocilidade refletida" e da "não-servidão voluntária": eis o que é a atitude crítica. Se a sujeição da subjetividade constitui efeito da governamentalização, a atitude crítica propõe uma nova "política da verdade" (Foucault, 1990, p. 39) apresentando os mecanismos escusos das estratégias do poder e das técnicas de saber. Resulta das resistências à governamentalização a constituição de subjetividades que se afirmam pela postulação da não necessidade do poder ao mesmo tempo em que estabelecem novas relações com a verdade.

O estudo da atitude crítica diante dos processos de governamentalização visa apontar que nenhum poder é inevitável, quando atua sobre os indivíduos. A governamentalização é o movimento pelo qual numa determinada prática social (familiar, política, religiosa, moral) busca-se sujeitar os indivíduos por mecanismos de poder que demandam justificações de verdade para reproduzir-se e legitimar-se. A atitude crítica é o processo pelo qual os indivíduos buscam "interrogar o poder [governo] nos seus efeitos de verdade" como condição para questionar a "verdade nos seus efeitos de poder" (FOUCAULT, 1990, p. 39).

Michel Foucault considera insuficientes as análises que se contentam a perguntar a respeito do que o indivíduo tem a dizer *sobre* o poder, *para* ele ou *contra* ele a partir da mera crítica do conhecimento, tal como é recorrente em boa parte da filosofia pós-kantiana. É frequente na sua investigação a crítica ao modelo de pensamento que parte tão somente da legitimação do conhecimento como critério para expurgar os efeitos de poder que o constituem.

Vale ressaltar que os domínios mencionados por Foucault em *Critique et Aufklärung* para problematizar a *atitude crítica* são análogos àqueles que Kant exemplifica no opúsculo de 1784 para definir o que é a *Aufklärung*, a saber: a religião, a política e o conhecimento.[53]

Porque se trata de *atitude diferente* diante da maneira de pensar, de agir e de sentir o mundo, o teor do projeto crítico proposto por Foucault a partir de 1978 estabelece aproximações entre as *Críticas* kantianas e o entusiasmo cultural em torno da *Aufklärung*. Laconicamente, enuncia tal articulação em conferência no final de sua vida: "A *Crítica* é como um frontispício da razão tornada maior na *Aufklärung*; e, inversamente, a *Aufklärung* é a maturidade da *Crítica*" (FOUCAULT, 1994d, p. 567).

No entanto, para Foucault Kant teria minimizado a importância das possibilidades da *Aufklärung* deslocando-a para os limites da crítica do conhecimento.

> [...] a crítica dirá que o aspecto característico de nossa liberdade está menos naquilo que empreendemos com maior ou menor coragem do que na ideia que fazemos de nosso conhecimento e de seus limites; e que, consequentemente, em vez de deixar que um outro diga '*obedeça*', é nesse momento, quando faremos a idéia justa de nosso próprio conhecimento que poderemos descobrir o princípio da autonomia, e não teremos mais que escutar o *obedeça*; ou antes, o *obedeça* estará fundado na própria autonomia (FOUCAULT, 1990, p. 41, grifos do autor).

Vale ressaltar que os aspectos epistemológicos, éticos e político-religiosos da crítica permanecem indissociáveis para Kant. Constituirá

---

[53] Aspectos da relação entre o pensamento de Foucault e o projeto crítico kantiano foram desenvolvidos numa primeira versão no artigo intitulado "Michel Foucault: uma história crítica da verdade" (CANDIOTTO, 2006a).

objeto maior da crítica foucaultiana a vertente da filosofia pós-kantiana que reduz a leitura do projeto kantiano à crítica interna do conhecimento legítimo, desarticulando-o das demais dimensões.

> Parece-me que essa questão da *Aufklärung* a partir de Kant, por causa de Kant, e verdadeiramente devido a esse deslocamento entre *Aufklärung* e *Crítica* que ele introduziu, foi essencialmente posta em termos de conhecimento, ou seja, partindo do que foi a destinação histórica do conhecimento no momento da constituição da ciência moderna (FOUCAULT, 1990, p. 47).

Michel Foucault toma distância da vertente do pensamento moderno que se detém no estudo das condições de legitimidade do conhecimento científico-filosófico como meio autorreferente para expurgar os efeitos de poder do objetivismo, do positivismo e do tecnicismo, recorrentes nos séculos XIX e XX. Meio autorreferente porque tal verdade postula que somente o conhecimento legítimo é condição para a determinação do conhecimento possível. Fazer a crítica consiste basicamente em tomar conhecimento das condições de verdade do conhecimento atual e indicar como ele historicamente afastou-se de outros saberes não científicos, relegando-os ao erro, à ilusão e ao recobrimento.

Consoante Foucault, a partir do século XIX a história ocidental demonstra a precariedade do empreendimento que eleva a impermeabilidade do conhecimento legítimo como critério último de solução para o próprio conhecimento.

Na mesma época em que o positivismo científico é edificado pela renúncia a qualquer outra instância que difere da autoconfiança na crítica de seus próprios resultados, observa-se o nascimento de um sistema estatal que, ao mesmo tempo em que é proposto como "razão e condição da história" (FOUCAULT, 2004b, p. 245-370), acolhe como instrumentos procedimentos de racionalização da economia[54] e da sociedade.[55] Da articulação entre a ciência positivista e instrumental que atuará no desenvolvimento das forças produtivas e a ambiguidade da razão de Estado, cujos poderes serão exercidos a partir de técnicas cada vez mais refinadas, surge a "ciência de Estado" (FOUCAULT, 1990, p. 42). Significa que o projeto crítico que remete a Kant comprimiu-se na filosofia moderna quando foi reduzido à tarefa da defi-

---

[54] A respeito do papel da economia política como princípio de limitação interna da razão governamental, ver FOUCAULT, 2004a, p. 15-23.

[55] Sobre a sociedade civil como campo de referência para a arte de governar do Estado, FOUCAULT, 2004a, p. 299-320.

nição dos limites e possibilidade de um conhecimento autorreferente. Se a crítica for pensada apenas pela legitimidade do conhecimento científico e seus critérios de verdade, se estes têm se cruzado com tecnologias sutis de poder e se dessa relação ambígua resultou no século XX um excesso de poder cuja legitimação apoiou-se na verdade das ciências, como não suspeitar daquela crítica e seus modelos justificadores?

A originalidade de Michel Foucault foi ter proposto possibilidades diferentes da leitura do projeto crítico kantiano, ressaltando a insuficiência da abordagem que se apoia na legitimidade do conhecimento, paralelamente à interrogação da história das tecnologias de governo que atuam na sua produção. Leitura outra que implica a ênfase na coragem de saber, no *Sapere aude*, cujo ponto de partida é a pergunta pelas tecnologias de governo que num certo momento histórico da sociedade ocidental produzem efeitos de verdade e sujeição da subjetividade. O gesto maior da atitude crítica define-se pelo desassujeitamento da subjetividade em relação à individualização do poder disciplinar e à massificação do biopoder regulador.

O percurso da atitude crítica começa pela análise dos mecanismos de poder que requisitam discursos de verdade para justificar-se e legitimar-se. As arqueologias e genealogias concentram-se na prática histórica da reclusão do louco, do internamento do doente, do aprisionamento do criminoso, da obediência monástica ou mesmo do homem vivente, falante e trabalhador. Trata-se de provocar um estranhamento em relação às verdades fundadas no conhecimento objetivo do indivíduo, situando-as na dramatização de sua historicidade, observadas nas práticas de governamentalização.

As resistências ao poder como governo são deslocadas, na medida em que se procura saber até que ponto o questionamento voluntário do poder implica outra atitude em relação ao sujeito de conhecimento e ao vínculo com a verdade ao qual involuntariamente se encontra atado. Na função de questionamento das práticas de governamentalização, as resistências não constituem somente a condição da política,[56] mas são também critério fundamental para delimitar o tipo de verdade à qual o sujeito estava vinculado e que lhe era até então incompreensível.

---

[56] Na nota 134, do manuscrito sobre a governamentalidade, Michel Senellart transcreve essa afirmação de Foucault: "A política não é nada mais, nada menos do que aquilo que nasce com a resistência à governamentalidade, a primeira sublevação, o primeiro enfrentamento" (FOUCAULT, 2004b, p. 409).

Conhecer o conhecimento é insuficiente para a exclusão do poder da ilusão, do erro e do recobrimento. Quando o ponto de partida está situado no questionamento das formas de governo – do médico, do psiquiatra, do psicólogo, do pai de família, do diretor de consciência, do Estado –, o indivíduo dá-se conta de que não existe *a* verdade. A atitude crítica em relação às tecnologias de governo denuncia o caráter provisório de um quadro epistêmico pelo qual um valor de verdade é definido como universal e necessário, sobretudo no caso das ciências modernas e seus critérios de experimentação e de verificação.

A resistência ao governo da individualização em suas diversas configurações permite identificar uma multiplicidade de regimes de verdade que atuam na separação entre o verdadeiro e o falso. Desde o momento em que o indivíduo deixa de aceitar *essa* ou *aquela* maneira de governar, reconhece também a não neutralidade *desse* ou *daquele* efeito de verdade ao qual encontra-se vinculado. Em vez de perguntar o que tem a dizer ao governo partindo do vínculo que possui com a verdade, na condição de sujeito *da* verdade, de lugar originário da verdade, a atitude crítica leva em consideração seu esforço e decisão para desprender-se do poder e propor outra política de verdade.

Resistência como an-arqueologia

O neologismo "an-arqueologia", introduzido por Foucault em *Du gouvernement des vivants* (1980),[57] é outra estratégia privilegiada do desbloqueio do sujeito em relação às estratégias da governamentalização e suas matrizes de verdade. Como se trata de curso ainda em vias de publicação, esse conceito será referido sucintamente. Sua inclusão nesse estudo se justifica porque se cogita que ele abre uma nova perspectiva conceitual para a arqueologia do saber, que é sua reproblematizaçao a partir do pano de fundo do poder no sentido de governamentalidade. Contudo, o aspecto negativo a que tal termo imediatamente parece remeter, na verdade tem o único propósito de tomar distância de duas atitudes: uma epistemológica, representada pelo ceticismo metodológico; outra política, especificada pelo anarquismo.

À diferença da atitude de ceticismo metodológico, a an-arqueologia recusa a suspensão de todas as certezas; ela se refere somente àquelas

---

[57] Aula do dia 30 de janeiro de 1980, C 62 (04).

certezas em torno da legitimidade do poder. Desse modo, ela postula a inexistência da legitimidade intrínseca do governo, na medida em que a designação desse conceito como condução de condutas encontra seu limite na contingência das lutas históricas. Se a filosofia cartesiana propõe como *démarche* a atuação da dúvida metódica que prescinde provisoriamente de todas as certezas,[58] a an-arqueologia situa-se lateralmente em relação a tal postura fazendo atuar sistematicamente a "não-necessidade de qualquer poder" (FOUCAULT, 1980).[59]

A an-arqueologia tampouco se identifica com a atitude anárquica, embora não a exclua.[60] Se uma das teses do anarquismo consiste em afirmar que a condução de condutas é sempre ruim em sua natureza, a an-arqueologia é a atitude da não aceitação de uma determinada condução sempre situada. Entretanto, essa não aceitação deixa de ser uma finalidade em si ou o ponto de chegada da análise; ela é seu ponto de partida, porque supõe o questionamento de todas as maneiras pelas quais o poder é aceito como evidência.

A possibilidade de novas articulações entre sujeito e verdade no campo da governamentalidade configura o aspecto fundamental da an-arqueologia, designada como "atitude teórico-prática que se refere à não necessidade de qualquer poder como princípio de inteligibilidade do próprio saber" (FOUCAULT, 1980).[61] A atitude crítica em relação ao poder em seus efeitos de verdade é condição de inteligibilidade dos discursos de verdade em seus efeitos de poder. Se qualquer modalidade de governo deixa de ser necessária a partir de seus efeitos de verdade, verdade alguma continua sendo concebida como universal na perspectiva de seus efeitos de poder.

---

[58] Numa entrevista de 29 de maio de 1984, Foucault concorda que é um pensador cético, posto que nega qualquer verdade universal, indica paradoxos no pensamento e faz da filosofia uma questão permanente. Agrega que seu ceticismo é um "uso da filosofia que permite limitar os domínios de saber" (FOUCAULT, 1994d, p. 707). Trata-se de um "ceticismo sistemático" em relação aos "universais antropológicos", como um dos aspectos de suas escolhas metodológicas (FOUCAULT, 1994d, p. 634). No entanto, não se trata de uma rejeição global, mas de colocar à prova tudo aquilo que é proposto pelo saber como tendo validade universal quanto à natureza humana ou às categorias aplicáveis ao sujeito. Sobre a articulação entre a dúvida cartesiana, o ceticismo antigo e o silêncio de Foucault sobre os céticos em *L'herméneutique du sujet*, ver LÉVY, 2003, p. 119-136; GROS, 2001, p. 502, n. 21.

[59] Aula do dia 30 de janeiro de 1980, C 62 (04).

[60] Sobre Foucault e o anarquismo, ver RAGO, 2000, p. 88-116; PASSETTI, 2002, p. 123-138; SCHÜRMANN, 1986, p. 451-471.

[61] Aula do dia 30 de janeiro de 1980, C 62 (04).

Diante da problemática da verdade e do poder, Michel Foucault propõe a "genealogia da atitude crítica" (FOUCAULT, 1997a, p. 112), mecanismo ao mesmo tempo de resistência e subjetivação que lhe permitirá ganhos teóricos significativos para as pesquisas nos anos subsequentes.

As resistências pensadas a partir do âmbito da governamentalidade pela problematização das contracondutas, da atitude crítica e da an-arqueologia possibilitam um novo deslocamento na articulação entre verdade e sujeito: esta deixa de ser enfatizada pelas tecnologias de sujeição para ser pensada nas técnicas de subjetivação. "O 'sujeito' não designa mais simplesmente o indivíduo sujeitado, mas a singularidade que se afirma na resistência ao poder" (SENELLART, 2004, p. 392).

O campo da política ou da governamentalidade permanece como pano de fundo. Enquanto a verdade deixa de ser considerada unicamente como efeito de mecanismos constringentes de poder, a constituição do sujeito desloca-se para um conjunto de domínios que ultrapassa os limites de seu ser sujeitado nos discursos de verdade das ciências do homem.

Contudo, é equivocado pensar num resgate do sujeito doador de sentido, anteriormente disperso nos escritos da década de 1960. A partir dos anos 1980 haverá articulação entre verdade, poder e sujeito com ênfase nesse último eixo de análise, embora seu privilégio não resulte no abandono dos primeiros. A articulação irredutível entre verdade, poder e sujeito aponta para um novo desdobramento na investigação de Michel Foucault.

A história da verdade deixa de enfatizar o jogo de regras entre saberes de uma época e de sublinhar as lutas em torno do poder nas práticas disciplinares e biopolíticas para endereçar-se aos jogos de verdade que vinculam governo de si mesmo e governo dos outros. A atitude crítica, que inicialmente pergunta pelas possibilidades de resistência diante das estratégias de governo e suas técnicas de verdade, desdobra-se numa dimensão ética, de modo que o sujeito precisa resistir a si próprio e moderar suas ambições se quiser governar os outros. E para empreender esse caminho será necessário voltar-se para si mesmo, cuidar do eu. Mas esse cuidado, longe de remeter a um introspectivismo descomprometido com a realidade, é antes um princípio de movimento, de desprendimento das identidades e imagens de si mesmo já sedimentadas e reconhecidas pelo próprio indivíduo; significa deixar de estar sujeito a essa autoimagem admitida, mediante uma ascese rigorosa e permanente. Ainda que a preocupação com o cuidado de si pareça descaracterizar o lado político da investigação de Foucault, isso ocorre em função da estreiteza de compreensão que geralmente se tem em relação a esse fio condutor dos seus últimos escritos.

CAPÍTULO V
Verdade e ética do sujeito

A história da verdade voltada para a ênfase na constituição ética do sujeito constitui um dos aspectos fundamentais do pensamento de Foucault nos anos 1980. Ela está associada ao redirecionamento da noção de atitude crítica.

No quarto capítulo ressaltou-se que a genealogia da atitude crítica no Ocidente é anterior à empresa kantiana do final do século XVIII. Sua formação está sendo germinada nos movimentos de contracondutas no governo pastoral cristão entre os séculos XIII e XVI. A partir do século XVI, a atitude crítica se prolifera a outros domínios tendo em vista a intensificação e a disseminação das artes de governar no Ocidente. Na perspectiva filosófica da atitude crítica, Foucault atribui importância significativa à amplitude do projeto crítico kantiano, no qual a crítica do conhecimento é indissociável do projeto iluminista da emancipação político-religiosa e da constituição ética do sujeito que demanda a coragem de saber, o *Sapere aude*.

Para dar conta do alcance do projeto crítico, não bastam conhecer o conhecimento e utilizá-lo como critério autorreferente para expurgar o erro, a ilusão e o poder. Daí a importância do exame dos textos críticos associados ao opúsculo sobre a *Aufklärung*, de 1784. Se pensada dessa perspectiva, a crítica do conhecimento precisa estar acompanhada de uma política da verdade e de uma ética do sujeito.

Nesse Capítulo, é apresentado outro desdobramento da história crítica da verdade. Trata-se da importância concedida ao "*êthos* filosófico" no sentido de "crítica permanente de nosso ser histórico" (FOUCAULT, 1994d, p. 568). Essa crítica passa a ser entendida como atitude-limite, posto que torna problemática a constituição do *êthos* do sujeito. Portanto, ela é irredutível à crítica pensada nos termos do conhecimento da verdade.

Na crítica transcendental, pergunta-se pelas condições de possibilidade formais de todo conhecimento verdadeiro nos termos de uma analítica da verdade. Na atitude crítica, são problematizadas nossas práticas imanentes, aquilo que dizemos, pensamos e fazemos desembocando na "ontologia histórica de nós mesmos"[62] cuja tarefa é "transformar a crítica exercida na forma da limitação necessária numa crítica prática na forma da ultrapassagem possível" (FOUCAULT, 1994d, p. 574). Ela se afasta da tentativa de reunificação do sujeito de conhecimento que antes a arqueologia havia dispersado entre os saberes; ou da volta ao sujeito de direitos que a genealogia havia transformado em efeito de verdade. Na condição de crítica do nosso ser histórico, a ontologia de nós mesmos prescinde de posições ideais a respeito da verdade.

Da opção pela atitude crítica no sentido da constituição de uma ética do sujeito desdobra-se o privilégio de domínios de análise específicos. Prescinde-se de projetos globais para enfocar situações parciais no nosso modo de ser e de pensar, a fim de colocar à prova da crítica histórica os limites que podemos ultrapassar, exercendo um "trabalho de nós mesmos sobre nós mesmos como seres livres" (FOUCAULT, 1994d, p. 575).

A atitude crítica, como ontologia histórica de nós mesmos, está vinculada à tarefa que consiste em apontar os limites históricos em torno da compreensão de quem somos em vista de sua ultrapassagem, da criação de novas modalidades de ser e de viver. Se entendida como contraconduta a atitude crítica supõe a limitação dos efeitos de poder dos discursos de verdade sobre o indivíduo, ela também poderia ser desdobrada pelo estudo dos limites da relação entre sujeito e verdade observáveis na filosofia

---

[62] Tradicionalmente, a ontologia é um campo de análise delimitado pelas estruturas metafísicas do ente. Fazer uma ontologia-histórica, conforme o próprio nome diz, consiste em juntar dois domínios – o metafísico e o histórico – em si mesmos, incompatíveis. No entanto, não se pode esquecer que o próprio Kant unia esses dois domínios quando se situava entre a reflexão crítica sobre o uso da razão e a reflexão histórica sobre a finalidade interior do tempo; em seguida, convém sublinhar que as pesquisas em filosofia fundamental às vezes podem relacionar-se com a história, como é o caso da expressão "*a-priori* histórico" de Husserl, retomada por Foucault em *Les mots et les choses*. A expressão "ontologia histórica" ou "ontologia crítica" no último Foucault indica simplesmente que, nesse caso, a ontologia não vai além de uma conotação histórica. Por isso, "é preciso desprendê-la de uma relação à metafísica e vinculá-la à transmissão de um saber histórico" (ADORNO, 2002, p. 48).

tradicional. E esses limites são estabelecidos por outra perspectiva, que é a histórica.

No pensamento filosófico ocidental, a relação entre verdade e sujeito privilegia questões, tais como[63]: em que condições é possível conhecer a verdade? Como é possível o conhecimento a partir da experiência do sujeito cognoscente? De que modo quem realiza tal experiência reconhece que se trata de conhecimento verdadeiro? De Platão a Kant, passando por Descartes, postula-se ser impossível a existência da verdade sem o sujeito puro a partir do qual ela é verdadeira. Há verdade quando e tão-somente a precede o sujeito puro *da* verdade.

Na perspectiva histórica assumida por Foucault, a relação entre verdade e sujeito é desenvolvida a partir de outras problemáticas: que relação o sujeito estabelece consigo a partir das verdades que culturalmente são impostas sobre si mesmo? Em qualquer cultura há enunciações sobre o sujeito que, independentemente de seu valor de verdade, funcionam, são admitidas e circulam como se fossem *verdades*. Considerando o que são tais discursos em seu conteúdo e forma, levando em conta os laços entre obrigações de verdade e sujeitos, que experiência eles podem fazer de si próprios? Daí que, em vez de examinar as condições e possibilidades da verdade *para* um sujeito em geral, procura-se saber quais são os *efeitos de subjetivação* a partir da própria existência de discursos que pretendem dizer uma verdade *para* o sujeito.

Um sobrevoo pela articulação entre verdade e sujeito na investigação anterior de Foucault possibilita estabelecer diferenças significativas em relação à perspectiva filosófica. Quando aborda jogos teóricos e científicos, ele pergunta pelas práticas discursivas cujas regularidades implicam na produção de saberes positivos sobre o homem vivente, falante e trabalhador. Em *Les mots et les choses* (1966) o arqueólogo toma distância da relação do homem com sua verdade, para privilegiar o jogo de regras qualificado como verdadeiro que permitiu no final do século XVIII a constituição ambígua do homem na condição de objeto de saber e sujeito de conhecimentos. Quando trata dos jogos de poder em torno da loucura e do crime, busca saber como se formam certas *práticas* cujos efeitos implicam a produção de discursos verdadeiros sobre a razão alienada e sobre o caráter criminoso.

---

[63] A reflexão a seguir sintetiza algumas questões desenvolvidas na aula do dia 6 de janeiro de 1981, C 63 (01), do curso ainda inédito *Subjectivité et vérité* (1981b). Uma primeira versão do que segue foi publicada com o título: "Subjetividade e verdade no último Foucault" (CANDIOTTO, 2008).

A constituição do indivíduo louco e do indivíduo criminoso depende de práticas sociais de aprisionamento e encarceramento que implicam na produção de identidades. Doravante, quando articula jogos de verdade e subjetividade, Michel Foucault procura saber em que aspectos o sujeito ético constitui efeito da problematização de práticas de si, atuantes na cultura antiga.

Se a articulação entre verdade e sujeito deixa de ser efetuada *do mesmo modo* num pensamento que jamais demandou coerência *a priori*, sua condição geral de inteligibilidade é a perspectiva da problematização da verdade, ou seja, o jogo que envolve o verdadeiro e o falso na formação arqueológica das regras discursivas, nas estratégias das políticas da verdade e nas práticas de si que conformam a ética do sujeito.

Ética e subjetivação antiga

A articulação entre verdade e sujeito configura a chave de releitura utilizada por Foucault em 1984, pouco antes de sua morte.

> Através de quais *jogos de verdade* o homem se dá seu ser próprio a pensar quando se percebe como louco, quando se olha como doente, quando reflete sobre si como ser vivo, ser falante e ser trabalhador, quando ele se julga e se pune enquanto criminoso? Através de quais *jogos de verdade* o ser humano se reconheceu como homem de desejo? (FOUCAULT, 1984a, p. 13-14, grifo nosso).

Essa chave de leitura inscreve-se no projeto maior de uma *história da verdade* que toma distância da história daquilo que nos conhecimentos poderia haver de verdadeiro. Ela é antes a "análise dos 'jogos de verdade', dos jogos entre o verdadeiro e o falso, através dos quais o ser se constitui historicamente como experiência, isto é, como podendo e devendo ser pensado" (FOUCAULT, 1984a, p. 13-14). Lê-se em tal indicação a perspectiva recorrente do presente trabalho, ao procurar diferenciar a história da verdade que pergunta pela legitimidade do conhecimento verdadeiro, da história da verdade foucaultiana, que examina os diversos jogos de verdade a partir dos quais o sujeito é constituído.

Em *L'herméneutique du sujet* (2001), um dos caminhos para tratar da ética do sujeito consiste na compreensão do contraste estabelecido entre espiritualidade antiga e filosofia moderna.

Configura-se como filosofia moderna "a forma de pensamento que se interroga sobre o que permite ao sujeito ter acesso à verdade, forma de pensamento que tenta determinar as condições e os limites do acesso do sujeito à verdade" (FOUCAULT, 2001, p. 16). Nessa filosofia deixa-se de lado o *modo de ser* do sujeito sendo privilegiadas as regras de formação do método ou a estrutura do objeto a ser conhecido. Considerada tal como ela é a verdade não transforma o sujeito, na medida em que ele, tal como é, já é capaz de verdade.

Espiritualidade antiga designa "a busca, a prática, a experiência mediante as quais o sujeito opera sobre si próprio as *transformações* necessárias para ter acesso à verdade" (FOUCAULT, 2001, p. 16), porquanto, tal como ele é, não poderá adquiri-la. Modificar o modo de ser do sujeito é fundamental para subjetivar discursos reconhecidos como verdadeiros. Vale ressaltar que na ética do sujeito os discursos são qualificados de verdadeiros se atuarem como princípios e matrizes de ação de modo a formar no indivíduo a *atitude* crítica para enfrentar os acontecimentos da existência.

Nas práticas de si da espiritualidade antiga, a verdade, tal como ela é – no sentido de matriz de ações – pode transformar o sujeito, na medida em que ele sempre é desqualificado para ser fundamento de verdade. Alguém subjetiva discursos verdadeiros ao modo de conselhos para a ação ou de preparação adequada para as vicissitudes da existência.

Ao mesmo tempo em que a ética do sujeito aponta os limites filosóficos do privilégio moderno do conhecimento de si, no qual o sujeito já é capaz de verdade, ela também qualifica os modos de aquisição antigos dos discursos verdadeiros mediante a ascese do cuidado consigo.

A articulação entre conhecimento de si e cuidado de si no último Foucault encontra na ética do sujeito seu lugar fundamental. Se a política da verdade visa apontar os limites da legitimação histórica dos conhecimentos, a ética do sujeito relega como ilusão retrospectiva a ideia de que a filosofia, nos seus começos, desenvolveu-se pelo predomínio do conhecimento de si.

Para Michel Foucault, o imperativo do conhecimento de si configura apenas a aplicação concreta do princípio do cuidado de si (*epiméleia heautoû*). Ele acolhe a interpretação de Roscher (*apud* Foucault, 2001, p. 5) segundo a qual o significado primeiro do preceito não tem valor de fundamento moral. O "conhece-te a ti mesmo" faz parte de outros preceitos délficos que possuem caráter de recomendação referente ao modo adequado pelo qual as pessoas devem se preparar para consultar o deus Apolo. Assim, é preciso evitar questões inúteis reduzindo-as ao estritamente necessário, de onde o conselho "nada em demasia"; em seguida, é necessário prescindir de promessas que não se pode cumprir, de onde o preceito "comprometer-se traz infelicidade"; urge ainda examinar em si mesmo o que realmente é preciso saber, de onde o imperativo "conhece-te a ti mesmo".

Na filosofia, o imperativo "conhece-te a ti mesmo" surge em torno do personagem de Sócrates. Em *A Defesa de Sócrates*, de Platão, conhecer-se a si mesmo constitui desdobramento do princípio do cuidado de si. A missão divina de Sócrates consiste em impelir os outros a se ocuparem de si mesmos, a terem cuidados consigo.

O solo do *epiméleia heautoû*, traduzido pelos latinos como *cura sui* e para o português como "cuidado de si" diz respeito à *atitude* diferente consigo, com os outros e com o mundo; indica a *conversão* do olhar do exterior para o próprio o interior como modo de exercer a vigilância contínua do que *acontece* nos pensamentos; sugere *ações* exercidas de si para consigo mediante as quais alguém tenta modificar-se; designa maneiras de ser, formas de reflexão e de práticas que conformam o núcleo da "história das práticas de subjetividade" (FOUCAULT, 2001, p. 13).

Em *L'herméneutique du sujet* a subjetivação histórica do cuidado de si é examinada entre o pensamento grego do século IV a.C. e a cultura greco-romana dos séculos I e II d.C. A análise que organiza a reflexão provém do *Primeiro Alcibíades* (PLATON, 1967a), ainda que precedida pela presença do cuidado de si em domínios não filosóficos.

O cuidado de si inscreve-se no quadro da preocupação consigo. Ocorre que o imperativo positivo "ocupa-te de ti mesmo" designa inicialmente privilégios de ordem política, econômica e social de um povo sobre outros povos. Exemplo disso é a passagem de Plutarco na qual é relatado que os espartanos optam por confiar o cultivo de suas terras ao cuidado dos hilotas a fim de terem o tempo suficiente de ocupar-se de si mesmos. Segue que o imperativo "ocupa-te de ti mesmo" tem como possibilidade histórica inicial o contexto de domínio político e bélico.

Quanto à leitura do *Primeiro Alcibíades,* ela tem como razão a questão do governo. Vale ressaltar que Sócrates decide abordar Alcibíades porque ele está decidido a governar os outros, a administrar Atenas. Após ter usufruído das vantagens de sua beleza juvenil e diante de seu desvanecimento, Alcibíades pretende desfrutar do privilégio político do governo dos outros, sem colocar em questão os cuidados consigo dos quais deverá equipar-se para exercer aquele governo. Ele pensa que a efetividade do governo depende somente de seu *status* privilegiado.

A intervenção socrática em relação à ambição de Alcibíades tem como propósito ressaltar que o bom exercício do poder é indissociável do cuidado de si. Ocupar-se de si deixa de ser efeito de privilégio estatutário ou do jugo de um povo sobre outro para converter-se na condição fundamental da ação política efetiva no governo da cidade. Do ponto de vista filosófico, o cuidado de si emerge entre o privilégio estatutário e a ação política sábia e justa.

Além disso, o fato de Sócrates interessar-se por Alcibíades somente quando o jovem perde sua beleza e ambiciona o exercício do governo mostra a denúncia ao *déficit* pedagógico ateniense. A crítica socrática está enfocada num momento da vida de Alcibíades no qual ele é abandonado pelos pedagogos, justamente quando mais precisa ser governado por eles como convém.

Os pretendentes de Alcibíades na sua juventude interessavam-se apenas pela beleza de seu corpo, de modo que com o passar do tempo o abandonam, sem o cuidado de governá-lo adequadamente. Pelo contrário, Sócrates está interessado em governar a alma de Alcibíades para que ele aprenda a cuidar de si próprio e possa exercitar como convém o governo dos outros. Assim é preciso ocupar-se consigo não apenas quando se busca governar condutas, mas quando o governo da própria conduta foi deixado de lado pela educação.

Sócrates procura Alcibíades porque ele ignora a *tékhne* necessária daquilo que deveria saber. Pretende governar a cidade, mas não sabe como fazê-lo e qual é o fim da atividade política. Desconhece que a concórdia é a finalidade da política e ignora que a desconhece. Alcibíades está equivocado ao pensar que o direito estatutário é suficiente para o bom governo. O jovem precisa ter conhecimento da arte de governar, do real objetivo da atividade política e dominar o querer ambicioso pelo exercício da moderação. Mas, para realizar esse escopo, ele precisa examinar a si mesmo. O eu é que desponta como objeto de consideração.

Foucault sublinha que, se o *Primeiro Alcibíades* versa "sobre a natureza humana", no diálogo inexiste qualquer interrogação desse tipo. Prevalece a preocupação com o *eu* somente em função dos objetivos do governo sábio e justo:

> Qual o eu de que devo ocupar-me a fim de poder, como é preciso, ocupar-me com os outros a quem devo governar. É este círculo [que vai] do eu como objeto de cuidado ao saber do governo como governo dos outros que, creio, está no centro desse final de diálogo (FOUCAULT, 2001, p. 40).

Esse procedimento utilizado por Platão é diferente daquele empregado na *República*. Nesta, para definir a justiça individual Platão investiga o que é a justiça na cidade; no *Primeiro Alcibíades,* para definir o que é o governo justo, ele interroga a alma individual como modelo da cidade. A alma (*psuchê*) aqui designa o *eu* como objeto de cuidado.

Platão está distante da concepção de alma prisioneira do corpo, encontrada mais tarde no *Fédon,* no *Fedro* ou na *República*. Que o sujeito seja sua alma significa postulá-lo como sujeito de ações, que faz uso dos órgãos corporais como instrumentos. Numa ampla acepção, *servir-se* (*khrêstai*) do eu (*heautoû*) designa a posição singular ocupada pela alma-sujeito (diferente da alma-substância) em relação ao mundo, aos outros e a si mesma. Ocupar-se de *si* significa ser "sujeito de ações, de comportamentos, de relações, de atitudes" (FOUCAULT, 2001, p. 56-57). Tal é a tarefa que deve enfrentar Alcibíades. Sócrates quer mostrar que depende somente dele o cuidado da alma.

Vale ressaltar que esse cuidado não é uma atividade de interiorização, mas relacional. Não há cuidado de si sem relação com o outro: Alcibíades é incapaz de cuidar de si se Sócrates não cuidar de Alcibíades. A pedagogia estabelecida entre mestre e discípulo é emblemática para denotar a articulação entre governo de si e governo dos outros, distinguindo-se de outras relações. Se o médico cuida do corpo, se o pai de família cuida dos bens, se o professor ensina aptidões e capacidades, "Sócrates cuida da maneira como Alcibíades vai cuidar de si mesmo" (FOUCAULT, 2001, p. 58).

Quando Foucault estuda outro momento da subjetivação antiga, do período helenístico aos dois primeiros séculos da era cristã, ele apresenta a enorme extensão do princípio do cuidado de si: este deixa de ser referido somente à situação daquele que pretende governar em virtude de privilégio estatutário; é igualmente irredutível ao déficit da pedagogia grega no final da adolescência. Ele agora é compreendido como uma arte de viver (*tékhne toû bíou*) a ser desenvolvida ao longo da existência. Nesse sentido, sugere mais um enfrentamento, um embate árduo e penoso, do que propriamente um refúgio em si mesmo. O cuidado de si pode ser agora delimitado em razão de suas funções de luta, de crítica e de terapia.

Função de luta, porque o cuidado de si define-se como enfrentamento permanente diante dos acontecimentos e das provações existenciais, para os quais é preciso dispor de armas adequadas, de um escudo protetor. Longe de inculcar no sujeito habilidades técnicas ou profissionais, trata-se de prepará-lo de modo a suportar eventuais acidentes, infelicidades e desgraças que lhe possam ocorrer. Função de crítica, pois o cuidado de si exerce o papel de correção. Seja lembrada a correção feita por Sócrates a Alcibíades, ao apontar nele a ignorância que ignora a si própria. Doravante, o cuidado de si impõe-se sobre o fundo dos erros, dos maus hábitos, das deformações e dependências incrustadas, das quais é preciso livrar-se. Em vez de "formação-saber", trata-se de "correção-libertação" (FOUCAULT, 2001, p. 91). Função terapêutica, posto que o cuidado de si assemelha-se à dietética, saber este que conjuga cuidado do corpo e da alma. Se a medicina cura o *páthos* do corpo, é tarefa da filosofia curar o *páthos* da alma. Epicteto compara a escola de filosofia ao consultório médico "*iatreion*" (FOUCAULT, 2001, p. 96). A terapêutica permanente do corpo e da alma converte-se em tarefa fundamental do cuidado de si, de modo a constituir-se o sujeito em médico de si próprio.

Dos deslocamentos do cuidado de si da cultura grega clássica para a cultura helenística e greco-romana, merece consideração sua passagem de privilégio estatutário de alguns, como o caso da situação peculiar de Alcibíades, para "princípio universal que se endereça e se impõe a todo mundo" (FOUCAULT, 2001, p. 108).

Seria inadequado, porém, afirmar que a partir do helenismo o princípio do cuidado de si converte-se em *ética universal*, isso porque ele sempre toma forma no interior de práticas, instituições, tais como escolas, fraternidades e seitas tão diferentes que em alguns casos até mesmo se excluem.

Na cultura greco-romana, o cuidado de si é universalizado como princípio e posto em prática de modo particularizado. Se deixa de referir-se exclusivamente à excelência estatutária porque todos são virtualmente capazes de exercê-lo, poucos são aqueles que efetivamente alcançam transformá-lo em *atitude* permanente. O critério de diferenciação está situado entre aqueles que escolhem o cuidado de si como modo de vida, e os demais, que não dedicam a ele tempo suficiente. Malgrado isso, o cuidado de si está longe de ser privilégio aristocrático, tal é sua difusão nas camadas desfavorecidas da sociedade mediante grupos organizados em torno de cultos definidos e redes de amizade que prescrevem direitos e obrigações específicas.

Um jogo é estabelecido entre um princípio universal que pode ser entendido e aplicado à vida pela escolha de alguns, de um lado, e o raro cuidado do qual ninguém se encontra excluído, de outro. Doravante o princípio do cuidado de si emerge como fim privilegiado das práticas de si, sendo a conversão do olhar exigência fundamental.

A conversão do olhar difere da introspecção do sujeito. Ela está situada no vácuo nebuloso entre o eu ético e o sujeito inacabado. O percurso entre um e outro prescinde da distância que separa exterioridade e interioridade, nos termos do conhecimento do eu. Trata-se do interstício de *obra* artesanal permeado de inquietações e hesitações no qual o sujeito procura um centro no qual fixar-se.

> O que separa o eu ético do seu eu jamais completamente outro não deve ser medido em termos de conhecimento, mas de exercícios, de práticas, de ascese concreta. Do eu para comigo, separa-os somente a tênue distância de uma obra a realizar, mas sempre inacabada (GROS, 2003, p. 163).

A conversão do olhar é também conversão a si (*conversio ad se*). Diferentemente da *metánoia* cristã que exige a renúncia permanente do eu, a conversão estoica procura renunciar ao entorno no qual vive o sujeito, isso quando as agitações exteriores impedem-no de concentrar-se no seu objetivo. A conversão a si define-se como um esquema prático: ela implica atos de proteção e de defesa, atitudes de respeito pelo eu, estado de alguém que está em posse do eu porque o domina. Ela envolve a atenção detalhada (*prosochè*) quando se trata de distinguir entre aquilo que depende de nós e aquilo que não depende de nós. Essa atenção permanente sobre o eu é necessária nas situações particulares da vida, de modo especial no instante presente. Ela ajuda o sujeito a desviar-se das paixões provocadas continuamente pelo saudosismo inútil do passado ou pela ilusão a respeito do futuro e que independem de nós. Somente o presente depende da ação livre do indivíduo, somente nas ações presentes ele constitui-se como sujeito. A conversão é um "processo longo e contínuo" de autossubjetivação pelo qual alguém fixa a si próprio como objetivo mediante relações plenas consigo (FOUCAULT, 2001, p. 206).[64]

O princípio do cuidado de si exige, no entender de Foucault, uma apropriação diferenciada do conhecimento. Nas suas relações com o mundo, com os outros e consigo o sujeito precisa privilegiar a modalidade de conhecimento que ajude na modificação de sua maneira de ser. Saber que há poucas situações em relação às quais o homem pode amedrontar-se, que nada há de se temer quanto aos deuses, que a morte produz mal algum, que é fácil encontrar o caminho da virtude e que alguém nasce para a comunidade são conhecimentos extremamente úteis para o homem.

---

[64] A respeito do questionamento da "relação plena consigo" entre os estoicos, ver JAFFRO, 2003, p. 51-79, sobretudo, p. 65-69.

Vale ressaltar que, entre os conhecimentos úteis ao homem, jamais é feita referência aos segredos da consciência e à busca da identidade do sujeito ou da natureza humana. Os segredos da natureza não dão lugar aos segredos da consciência. Trata-se sempre do mundo, dos outros, daquilo que os envolve. Possibilitar que o sujeito surja como elemento recorrente das relações é condição para olhar as coisas do mundo, os deuses e outros homens. Por conseguinte, a primeira exigência do cuidado de si é a de que os conhecimentos úteis ao ser humano são, acima de tudo, relacionais.

A segunda exigência é a de que eles precisam ser transcritos mediante princípios de verdade, num duplo sentido: são ao mesmo tempo *enunciados de verdade* a partir dos quais outros podem ser deduzidos e *preceitos de conduta* diante dos quais é preciso submeter-se. Basta ao sujeito saber a respeito de suas relações com o mundo que o rodeia, de tal modo que aquilo normalmente constituído como verdade passe a ser escutado e lido, memorizado e vivido como preceito. Trata-se ainda de conhecimento que, uma vez adquirido, transforma o modo de ser do sujeito.

Opõe-se ao conhecimento ornamental que, embora culturalmente considerado verdadeiro, não possui força prescritiva e, consequentemente, não modifica a maneira de ser do sujeito. O conhecimento das causas e o ornamento da cultura são designados inúteis somente porque, na sua forma, são destituídos de pertinência prescritiva e não modificam o modo de ser do sujeito. Em compensação, por conhecimentos úteis são designados os saberes mediante os quais "aquilo que conhecemos sobre os deuses, os homens e o mundo, poderá ter efeito na natureza do sujeito, ou, melhor dizendo, na sua maneira de agir, no seu *êthos*", razão pela qual eles dizem respeito a uma "ética do saber e da verdade" (FOUCAULT, 2001, p. 227). Jamais se referem à decifração, pela consciência ou pela exegese, de uma verdade escondida no interior do indivíduo.

A aquisição ascética (ética) da verdade

Um dos efeitos da conversão é a subjetivação da verdade, que se é realizada quando o indivíduo procura transformar sua maneira de ser. Se a constituição da ética do sujeito é o objetivo almejado, importância significativa é atribuída aos exercícios permanentes exigidos do agente ético, de modo a considerá-lo apto a ser sujeito *de* verdades. Os exercícios aqui referidos constituem a tradução do termo grego "*askesis*", fundamentais nas escolas filosóficas pagãs do helenismo e do período greco-romano.

Na filosofia antiga, a ascese é condição de acesso à verdade. Verdade, no sentido etopoético, qual seja a qualificação de enunciados como verdadeiros quando atuam como matrizes de constituição do *éthos* do sujeito, de sua maneira de ser.

Michel Foucault aponta a ascese como critério de diferenciação entre espiritualidade antiga e filosofia moderna. Na espiritualidade antiga a ascese designa o árduo exercício do sujeito quando procura preencher a distância entre o eu e seu objetivo, entre o que deixou de ser e o que vem a se tornar. Difere, pois, do ascetismo cristão, ainda que semelhanças possam ser estabelecidas entre eles.

Como ocorre no ascetismo cristão monástico, a ascese filosófica caracteriza-se pela austeridade; porém, suas táticas, meios e instrumentos objetivam a aquisição de algo que o sujeito ainda não possui. Diante dos acontecimentos inesperados da vida, perante a desgraça repentina, a irrupção da doença ou a sombra da morte iminente, o sujeito se mune da armadura protetora, da "*paraskeué*" (FOUCAULT, 2001, p. 306). Se o cristão precisa de instrumentos de defesa para lutar contra as diversas tentações do maligno objetivando renunciar plenamente sua vontade e o mal que nela habita, o estoico precisa deles para fazer frente aos acontecimentos do mundo exterior. O cristão é o asceta de si mesmo enquanto que o estoico é o asceta do "acontecimento".[65]

Na medida em que a ascese tem como fim adquirir a armadura necessária para enfrentar os acontecimentos da vida e tendo em vista que ela preenche a distância hesitante e inquieta entre o que se deixa de ser e o trabalho inacabado da transformação, trata-se de saber de que elementos tal armadura é constituída, como ela atua no indivíduo e quais técnicas ajudam na sua aquisição.

A armadura protetora (*paraskeué*) é adquirida pelo indivíduo na escola filosófica quando subjetiva os saberes ou discursos enunciados pelo mestre (*lógoi*). Não se tratam de axiomas e princípios de verdade em si mesmos, mas de enunciações materialmente pronunciadas e úteis ao sujeito. Bom asceta, nesse caso, é aquele que conserva frases efetivamente escutadas ou lidas mediante a repetição, a rememoração e a escritura. Para que esses saberes enunciados (*lógoi*) se transformem em armaduras *do* sujeito (*paraskeué*)

---

[65] Provavelmente, Foucault esteja retomando aqui a vinculação entre produção de verdade e prova de acontecimentalização. No entanto, o acontecimento é aqui pensado do ponto de vista de uma ética do sujeito, e não de uma genealogia do poder. Para os diversos usos do conceito no pensamento de Foucault, ver a recapitulação elaborada por Frédéric Gros (*apud* FOUCAULT, 2001, p. 29, nota 32).

é necessário que sejam princípios aceitáveis de comportamento: só então são qualificados de verdadeiros.

Os *lógoi* precisam ser discursos persuasivos, porquanto não apenas formam convicções, como também impregnam ações. Eles configuram esquemas indutores de ação: uma vez que habitem o pensamento, o coração e o corpo do sujeito agirão espontaneamente, como se falassem em nome dele dizendo o que fazer e fazendo, efetivamente, o que é preciso fazer. Eles estão presentes no sujeito como *matrizes de ação*, e é para adquiri-los que ele opta livremente pela ascese.

Adquirir tais matrizes de ação constitui o primeiro passo na sequência do qual o sujeito precisa saber como preservá-las de modo a poder utilizá-las em qualquer momento. Elas constituem assim socorro indispensável diante dos acontecimentos.

> Uma vez que o *lógos* fale, no momento em que o acontecimento se produz, uma vez que o *lógos,* que constitui a *paraskeué,* se formule para anunciar seu socorro, o socorro já está presente, dizendo-nos o que é preciso fazer, ou melhor: fazendo-nos fazer efetivamente o que devemos fazer (FOUCAULT, 2001, p. 310, grifos do autor).

Para que as matrizes razoáveis de ação sejam utilizáveis, precisam estar sempre "à mão" ("*prókheiron*", em grego; "*ad manum*", conforme a tradução latina) (FOUCAULT, 2001, p. 311). Plutarco observa sua presença no sujeito a partir de algumas metáforas. A primeira delas é que os *lógoi* assemelham-se ao *phármakon*: comparam-se à medicação com a qual o sujeito precisa contar a fim de evitar adversidades e vicissitudes ao longo da existência. Outra é a de que os *lógoi* se parecem aos amigos: os verdadeiros *lógoi* são aqueles que exercem presença útil na adversidade, analogamente ao socorro que os verdadeiros amigos prestam ao sujeito quando deles mais precisa. Eles podem ser comparados ainda à voz interior que se faz ouvir quando as paixões iniciam sua agitação. No momento em que as vicissitudes aconteçam, quando as adversidades ameacem e a agitação obstaculize o equilíbrio do sujeito, os *lógoi* entram em ação de modo que ele aja como é conveniente. O efeito da atuação de tais matrizes de verdade é a constituição do sujeito de ações. Por conseguinte, a ascese filosófica "é o que permite que o dizer-verdadeiro – dizer-verdadeiro endereçado ao sujeito, dizer-verdadeiro que o sujeito endereça também a si mesmo – constitua-se como maneira de ser do sujeito. A *áskesis* faz do dizer-verdadeiro um modo de ser do sujeito" (FOUCAULT, 2001, p. 312).

No ascetismo cristão, há o movimento de renúncia da vontade que resulta na objetivação do eu nas práticas de obediência; na ascese filosófica, pretende-se adquirir a subjetivação do discurso verdadeiro. Na primeira, a presença de tecnologias pastorais de extração e produção de verdade cujo efeito é a individualidade sujeitada; na segunda, a atuação de técnicas de si mediante as quais o acesso à verdade implica a transformação do sujeito.

Algumas das técnicas de si relevantes da *áskesis* dos primeiros séculos da era cristã são constituídas pela escuta, pela escritura e pela direção de consciência.

A técnica da escuta é indispensável para adquirir os *lógoi*. Plutarco declara que, após o período de estudos, o sujeito precisa aprender a escutar o *lógos* durante o restante de sua vida adulta, porquanto a arte da escuta ajuda na distinção entre verdade e dissimulação. Em vez de o discípulo submeter-se ao controle do mestre sobre aquilo que deve ser escutado, ele precisa colocar-se na condição daquele que recolhe o *lógos* por meio da escuta.

A escuta exige o olhar do sujeito sobre si mesmo de maneira que, ao memorizar o que acaba de ouvir, tais discursos sejam subjetivados. Prestando atenção ao que escuta, ele não se desvia do referente. A enunciação verdadeira que alguém memoriza converte-se em *seu* discurso. Eis como a escuta constitui uma das técnicas fundamentais da subjetivação da enunciação verdadeira, sendo ela o escopo sempre renovado da ascese filosófica.

Além da escuta, a escritura constitui a técnica de si imprescindível da ascese. Ela objetiva a transformação dos discursos recebidos e reconhecidos como verdadeiros em princípios racionais da ação. A escritura subjetiva a verdade se for etopoética, quando o *lógos* é transformado em *êthos* no sentido de princípio de ação.

Isso é particularmente observável nos *hypomnémata*, cadernos individuais que servem como ajuda-memória. Seu uso como livro de vida e guia de conduta é comum entre as pessoas cultas dos primeiros séculos de nossa era. Neles são escritas citações, fragmentos de obras, de exemplos e de ações das quais se viu, se leu ou se ouviu falar. Eles configuram a memória material das coisas lidas, entendidas e pensadas. Segue-se a necessidade de tê-los sempre à mão (*ad manum*), a fim de utilizá-los, caso haja necessidade. Tal técnica visa à constituição do *lógos bioéthikos*, conjunto de discursos úteis para as situações vitais inusitadas enfrentadas pelo sujeito. A escritura, a releitura e a meditação de tais discursos possibilitam implantá--los progressivamente na alma como parte do próprio sujeito. Não se trata somente da apropriação de discursos de verdade para torná-los *seus*, mas da constituição de um *eu* por intermédio deles.

A correspondência é outra modalidade fundamental de escritura etopoética mediante a qual a subjetivação é constituída pela interação com os outros. A carta enviada a alguém age, pelo gesto mesmo da escritura, naquele que a escreve, como age ainda naquele que a recebe por meio da leitura e da releitura.

Exemplos de correspondência na filosofia estoica encontram-se nas cartas de Sêneca a Lucílio, nas quais se nota a direção espiritual do homem maduro e já retirado a outro homem jovem e que ocupa importantes funções públicas. Nelas, além de comentar alguns princípios de conduta, Sêneca também ressalta "que é necessário exercitar-se por toda sua vida e que sempre há necessidade da ajuda de outrem na elaboração da alma sobre si própria" (FOUCAULT, 1994d, p. 424). Na carta 7, o filósofo estoico detalha o trabalho que ele se impõe e em seguida sugere a seu correspondente: "retirar-se em si mesmo tanto quanto possível; unir-se àqueles que são capazes de ter sobre si um efeito benéfico; abrir sua porta àqueles que têm esperança de se tornar melhores para si mesmos" (SÉNÈQUE *apud* FOUCAULT, 1994d, p. 424)

A correspondência vai além de mera técnica de si; ela constitui a maneira de exprimir-se e de expressar-se para si e para os outros; torna o escritor presente de forma quase imediata e física àquele ao qual ele se dirige. Ao mesmo tempo ela é "olhar que se estende ao destinatário (pela missiva que ele recebe, ele se sente olhado) e um modo de se apresentar ao seu olhar por aquilo que é dito de si mesmo" (FOUCAULT, 2001, p. 425). Tanto naquele que a envia quanto naquele que a recebe, a correspondência implica introspecção, termo a ser aqui entendido como abertura concedida a outro a partir de si próprio.

Semelhante ao processo fisiológico da digestão, a escritura converte-se em princípio de ação racional naquele que escreve. Inversamente, o escritor constitui sua subjetividade por intermédio do recolhimento das coisas ditas. Quando escreve, sua alma-sujeito se transforma. Assim como o ser humano carrega na fisionomia a semelhança natural de seus ancestrais, analogamente, naquilo que é escrito, encontra-se a filiação dos pensamentos gravados na alma.

Há outra técnica nas escolas filosóficas antigas que articula de modo exemplar a subjetivação da verdade no último Foucault. Trata-se da direção de consciência, cujo pano de fundo é a articulação ética entre governo de si e governo dos outros.

Em *Du gouvernement des vivants* (1980), o pensador francês ressalta que, à diferença da direção de consciência cristã, que objetiva alcançar estados de obediência integral e permanente, a direção de consciência estoica designa o procedimento pelo qual o indivíduo submete-se a outro no domínio privado em virtude da livre vontade, conforme considera conveniente e de modo sempre provisório, excluindo qualquer coação jurídica ou política.

Nela inexiste cessão de soberania ou renúncia da vontade. O discípulo *quer* que o mestre lhe diga o que *deve* fazer. A vontade do mestre é princípio da vontade própria, embora seja o discípulo que quer submeter-se à vontade do mestre. Portanto, é deixado de lado o contrato social pelo qual o representante ocupa o lugar da vontade de alguém, justamente porque não há cessão de vontade. As duas vontades, a do discípulo e a do mestre, permanecem presentes: uma não desaparece em proveito da outra. Elas coexistem, de modo que uma queira totalmente e sempre o que a outra quiser. Assim, a direção de consciência somente se efetiva se o discípulo quiser ser dirigido. O jogo entre liberdades é fundamental, razão pela qual jamais há *codificação* ou *sanção* jurídica, permanecendo apenas *técnicas* de direção.

O objetivo da direção de consciência estoica depende daquilo que *quiser* o discípulo, como a busca da perfeição, a tranquilidade da alma, a ausência de paixões, o domínio de si. Ser governado por outro auxilia provisoriamente na determinação do governo de si almejado pelo discípulo: obedece-se livremente ao que o outro deseja para o sujeito somente quando tal obediência visa o governo de si, a subjetivação da verdade.

O exame de consciência é o momento fundamental da direção. O mestre não pode governar se o discípulo não examinar a consciência. A articulação entre vontade do mestre e vontade do discípulo, a necessidade de que a vontade do segundo assimile adequadamente a vontade do primeiro e queira livremente aquilo que ele quiser, constitui o centro da prática do exame de consciência.

Examinar a consciência significa administrar a si mesmo (FOUCAULT, 1997a, p. 98-99). Aquele que se autoadministra almeja que tudo se realize corretamente de acordo com as regras que ele se propõe, e nunca em virtude de obediência à lei externa. Reprovações autoimpostas não dizem respeito às faltas reais, mas ao seu insucesso; erros cometidos concernem a estratégias mal executadas, e não a pecados morais. Em vez de explorar sua culpabilidade, o discípulo tenta averiguar o ajuste entre aquilo que fez e o que pretendeu fazer, de modo a poder reativar regras de comportamento.

Escutar a consciência significa invocar pela memorização os discursos verdadeiros, sempre que for preciso e do modo adequado. Já seu eventual esquecimento não concerne à natureza do sujeito ou à sua origem; antes, lamenta-se o olvido de regras de conduta que ele poderia ter posto em prática. A rememoração de erros cometidos no fim da jornada tem como único propósito avaliar a diferença entre o que foi feito e o que deveria ter sido feito.

Na direção estoica, o sujeito deixa de ser a região sobre a qual o processo de decifração é operado, tornando-se o ponto em que regras de conduta se reencontram na memória; ele é o campo de intersecção entre atos que necessitam ser submetidos às regras e regras que definem o modo pelo qual é preciso agir.

O sujeito examina a consciência para alcançar o autodomínio e deixar-se guiar pela razão cósmica, de modo a adaptar suas ações aos princípios da razão universal que governam o mundo. Trata-se da constituição do sujeito racional em virtude do estabelecimento de fins determinados. Suas ações são consideradas boas ou ruins em função do sucesso ou do fracasso dos fins anteriormente propostos.

A problematização das diferentes técnicas de si da cultura antiga que atuam no processo de subjetivação da verdade constitui a "genealogia espiritual" (FOUCAULT, 1994d, p. 423) proposta por Michel Foucault. Na espiritualidade antiga, sobretudo no estoicismo, a prática ascética e suas diferentes técnicas de si visam a subjetivação das enunciações verdadeiras por meio da transformação no modo de ser do sujeito ouvinte, escriturante e dirigido. Fazer uso do equipamento adequado (*paraskeué*) para os acontecimentos da existência mediante enunciações verdadeiras (*lógoi*) é o objetivo da ascese estoica. Escutar ativamente, escrever e escolher ser dirigido designam técnicas cujo propósito consiste em adquirir algo que ainda não se possui: matrizes práticas de ação.

Michel Foucault elabora a história das práticas ascéticas sem se propor descobrir a verdade *no* sujeito, situar *na* alma seu lugar ou fazer dela objeto de discurso. Práticas ascéticas visam armar o sujeito de esquemas práticos, de princípios prescritivos. "Trata-se [...] de dotar o sujeito de uma verdade que ele não conhecia e que não residia nele; trata-se de fazer desta verdade aprendida, memorizada, progressivamente aplicada, um quase-sujeito que reina soberanamente em nós" (FOUCAULT, 2001, p. 481).

A expressão: "quase-sujeito" refere-se à alma-sujeito, cujo significado já foi estudado. Em outro momento Michel Foucault afirma que desde o pensamento grego clássico até o helenismo greco-romano é impossível definir o sujeito, simplesmente porque ele inexiste, tal como a filosofia moderna o entende.

> O que não quer dizer que os gregos não tenham se esforçado em definir as condições pelas quais seria dada uma experiência que não fosse aquela do sujeito, mas do indivíduo, na medida em que ele busca constituir-se como mestre de si. Faltava à Antiguidade clássica ter problematizado a constituição de si como sujeito; inversamente, a partir do cristianismo, houve confiscação da moral pela teoria do sujeito (FOUCAULT, 1994d, p. 706).

Jean-Pierre Vernant faz distinção entre indivíduo, sujeito e *ego*, a propósito do estudo da filosofia antiga. A história do indivíduo concerne a "seu lugar e papel no seu grupo ou grupos, o valor a ele concedido, a margem de movimento que lhe é dada, sua autonomia relativa com respeito ao seu papel institucional." Pode-se falar em sujeito sempre que "o indivíduo usa a primeira pessoa para expressar-se e, ao falar em seu próprio nome, enuncia características que fazem dele um ser único." O *ego*, por sua vez, é constituído pelo "conjunto das práticas e atitudes psicológicas que propiciam uma dimensão interior e um sentido de plenitude ao sujeito. Tais práticas e atitudes constituem-no como ser único, real e original cuja natureza autêntica reside inteiramente no segredo de sua vida interior" (VERNANT, 1991, p. 321).

Indivíduo, sujeito e *ego* correspondem a três gêneros literários: o indivíduo à biografia, o sujeito à autobiografia ou memória, o *ego* à confissão e ao diário. Conforme Vernant, ainda que os gregos tivessem produzido alguma forma de biografia ou autobiografia, não havia entre eles a confissão e o diário.

Afora isso, o âmbito do indivíduo na autobiografia jamais designa a intimidade do eu. A *psuché* platônica é o *daimon* em nós, é "*a* alma em mim, e não *minha* alma" (VERNANT, 1991, p. 330, grifo do autor). Essa é a razão pela qual a experiência grega do *self* não poderia ter dado origem ao *cogito ergo sum*, porquanto entre os gregos a *psuché* é irredutível ao *ego* psicológico. A ideia de *psuché* corresponde ao que Michel Foucault atribui de alma-sujeito.

Em relação à questão da verdade, Foucault ressalta o movimento que ocorre entre o final do *Primeiro Alcibíades*, de Platão, e a ascese estoica. Em Platão, a alma volve o olhar para si a fim de reconhecer-se no que ela é, além de lembrar-se das verdades com as quais tem parentesco e que outrora pode contemplar. Entre os estoicos, procura-se subjetivar um número de enunciações verdadeiras, seja como princípios fundamentais, seja como regras de conduta. Almeja-se assim que tais princípios indiquem ao sujeito o modo conveniente de conduzir-se em cada situação histórica.

A ascese filosófica constitui subjetivações históricas em contínuo movimento, atribui atenção acentuada aos acontecimentos da existência e sobre o modo como o indivíduo pode e deve preparar-se para enfrentá-los. A maneira privilegiada de tal preparação consiste na atenção às enunciações verdadeiras pronunciadas na relação pedagógica. Mediante a enunciação do mestre, o *lógos* é recolhido pelo discípulo e efetiva-se como matriz prática de ações, tornando-o sujeito de ações. O sujeito de ações que alcança o autodomínio assemelha-se ao discípulo que subjetiva o dizer-verdadeiro a partir da relação com o mestre. Governar e governar-se: eis duas atitudes indissociáveis na relação pedagógica.

A subjetivação parrhesiástica da verdade

Uma das preocupações significativas da espiritualidade antiga consiste em distinguir, dentre enunciações que se ouve e que se lê, aquelas que efetivamente se tornam matrizes práticas de ação e vêm em socorro do sujeito numa situação concreta e aquelas que não conduzem a lugar algum, que não transformam o modo de ser. Tal preocupação está novamente associada à articulação entre governar e ser governado na relação mestre--discípulo, com a diferença de que nesse caso é problematizada a posição daquele que governa e dirige.

Se um dos objetivos do último Foucault consiste em ressaltar a relação consigo pelo governo de si e sua articulação com o governo dos outros, quando o pensador se atém à problemática do reconhecimento daquele que diz a verdade, a ênfase é direcionada para o outro que governa e sua credibilidade, na condição de mestre da verdade.

Conforme Foucault, alguém pode ser considerado mestre da verdade somente quando assume a atitude ascética, quando faz uso daquilo que os gregos denominam de *parrhesía*.

Etimologicamente, tal conceito significa "franqueza, abertura do coração, abertura de palavra, abertura de linguagem, liberdade de palavra"; ele é "a abertura que faz com que se diga, que se diga o que se tem a dizer, com que se diga o que se tem vontade de dizer, com que se diga o que se pensa dever dizer porque é necessário, porque é útil, porque é verdadeiro" (FOUCAULT, 2001, p. 348).

Parrhesía designa a qualificação ética do sujeito falante na sua relação com aqueles que o escutam. Em *L'herméneutique du sujet* (2001), a *parrhesía* é estudada em oposição a outras práticas comuns entre os antigos: a direção de consciência cristã e a retórica sofista.

Na direção de consciência cristã, o dirigido é o encarregado de dizer a verdade e o diretor ou confessor, aquele que o escuta. A verbalização é o veículo fundamental pelo qual a verdade é enunciada, e sempre se refere a uma verdade de si mesmo que implica, paradoxalmente, a renúncia do eu.[66] Na direção de consciência estoica, a escuta ativa por parte do discípulo é meio imprescindível para subjetivar enunciações verdadeiras necessárias para adquirir o domínio de si mesmo e enfrentar os acontecimentos da vida. Se em algum momento o discípulo estoico fala, é em razão da finalidade instrumental de seu discurso, objetivando capacitá-lo a tornar-se sujeito de ações. Se ao discípulo é exigido verbalizar, o mestre tão somente pretende testá-lo na *função* de dizer verdades, tendo em vista que no futuro ele é que poderá ser o mestre.

A *parrhesía* define-se ainda em oposição à retórica. Esta é designada como a técnica cujos procedimentos têm por fim estabelecer não a verdade, mas persuadir e convencer aqueles para os quais ela se dirige, sobre uma verdade ou uma mentira quaisquer. A retórica é pensada ainda como a maneira de enunciar despreocupada com o vínculo entre aquele que fala e o conteúdo de sua enunciação. Limita-se em ser a arte que permite àquele que fala enunciar algo que não é inteiramente o que pensa, e que, no entanto, produz naquele que escuta certo número de convicções, de condutas e de crenças.[67]

Quanto à *parrhesía*, é "retórica não-retórica" (FOUCAULT, 2001, p. 350). Retórica, porque não deixa de ser procedimento técnico; não-retórica porque implica nova atitude ética na função de enunciar a verdade. Se a retórica busca a bajulação e é sustentada pela dependência do falante em relação ao público ouvinte, a *parrhesía* objetiva apenas o alcance do autodomínio por parte daquele ao qual o discurso é dirigido.

---

[66] Sobre a questão do "*dire-vrai*" no exame das técnicas da confissão e direção de consciência, ver: FOUCAULT, 2001, p. 345-348.

[67] Foucault observa que na tradição socrático-platônica *parrhesía* e retórica se opõem de modo acentuado, particularmente no *Górgias*, no qual o discurso longo e contínuo é considerado uma modalidade de retórica, enquanto que o diálogo em forma de pergunta e resposta é típico da *parrhesía* (461e, 487a-e, 491e). Essa oposição percorre ainda o *Fedro*, pela diferença entre o *lógos* que diz a verdade e o *lógos* que não é capaz de ser verídico. Ver FOUCAULT, 1997a, p. 10-11.

Vale ressaltar que na filosofia grega clássica o discípulo encontra-se em posição de inferioridade em relação ao mestre; em compensação, na cultura romana o mestre comparece como conselheiro privado pago pelos seus clientes ocupando posição social geralmente inferior.

O médico Galeno recomenda que nessa segunda situação, antes de escolher um conselheiro, é imprescindível saber se ele tem boa reputação, se é suficientemente adulto e se dispõe de quantidade de bens equiparáveis ao seu discípulo. Se o conselheiro for pobre e seu cliente demasiado rico, há grandes possibilidades que aquele seja apenas um aproveitador. Por isso o cliente deve testar seu provável conselheiro para saber se ele é suficientemente rigoroso e severo nos seus conselhos (GALENO, 1963 apud FOUCAULT, 1997a, p. 93-94).

Está em discussão a velha querela entre retórica e filosofia. Foucault designa a retórica como mero discurso, enquanto a filosofia é pensada como conjunto de práticas.

> A retórica é o inventário e a análise dos meios pelos quais pode-se agir sobre os outros mediante o discurso. A filosofia é o conjunto dos princípios e de práticas que se pode ter à própria disposição ou colocar à disposição dos outros, para tomar cuidados como convém, de si mesmo ou dos outros (FOUCAULT, 2001, p. 131).[68]

A filosofia é abordada a partir da ascese e das técnicas de si e designada sob os mesmos termos das enunciações verdadeiras que se transformam em matrizes práticas de ação. Ela qualifica o sujeito de ações envolvido pelo cuidado de si e dos outros.

Em *Le courage de la vérité: le gouvernement de soi et des autres* (2009, p.14-29), Michel Foucault estuda a *parrhesía* filosófica.

A *atitude* do filósofo parrhesiasta em relação à verdade difere de três outras atitudes: a do profeta, a do sábio e a do técnico ou professor.

O filósofo difere do profeta, pois este diz a verdade sobre o futuro revelando o seu significado em nome de Outro (Deus); tampouco é o sábio que em nome da sabedoria diz a verdade quando quiser e trata de modo

---

[68] Para a crítica da oposição estabelecida por Foucault entre filosofia e retórica, ver JAFFRO, 2003, p. 51-79, principalmente, p. 55-64. Segundo Jaffro, Michel Foucault não percebeu a retórica da filosofia porque quando estuda o estoicismo de Epicteto, por exemplo, detém-se no solilóquio da relação consigo atribuindo pouca importância às modalidades retóricas do ensino estóico. Ele não leva em conta que a eficácia do discurso depende da disposição do auditor para ouvi-lo, exigindo necessariamente elementos ornamentais. Foucault tem dificuldade em sustentar conjuntamente sua tese das técnicas de subjetivação e o reconhecimento da importância do ensino da filosofia junto com os elementos retóricos de tal ensino, razão pela qual deprecia indiscriminadamente a retórica.

enigmático a ordem do ser, das coisas e do mundo; não é o técnico ou professor, o homem do *savoir-faire* que repete a *tékhne* de tradições anteriores.

Na medida em que não solidifica a tradição estabelecida (como o técnico ou o professor), não fala em nome de outro (como o faz o profeta) e não diz a verdade sobre o ser das coisas (tarefa do sábio) a função do filósofo consiste na enunciação de discursos que objetivem a constituição do *êthos* do discípulo.

A atitude profética almeja a reconciliação prometida entre *alétheia*, *politéia* e *êthos*: ela promete ultrapassar o momento presente na forma de uma coincidência futura entre produção da verdade (*alétheia*), exercício do poder (*politéia*) e prática moral (*êthos*). A atitude sábia busca construir um discurso fundamental e único sobre o que é a verdade, o que é a política e o que é a ética: trata-se da unidade fundadora da *alétheia*, da *politéia* e do *êthos*. A atitude técnica ou professoral consiste em separar *alétheia*, *politéia* e *êthos* por meio do estudo separado da lógica, da política e da moral. A atitude filosófica difere de todas as anteriores porque estabelece a articulação irredutível entre verdade, poder e ética.

De algum modo, a investigação de Michel Foucault encontra aí seu lugar. Mediante o estudo da *parrhesía* filosófica, ele pôde estabelecer uma última releitura de seu trabalho apresentando modos de veridição, tecnologias de governo e práticas de si como três níveis irredutíveis da história crítica da verdade.[69]

Estudar a *parrhesía* filosófica significa abordar um personagem recorrente do último Foucault: a figura de Sócrates. Vale lembrar que no prefácio à primeira edição de *Histoire de la folie à l'âge classique* e em *Préface à la transgression* Sócrates é apresentado como a figura tranquilizadora situada sempre no âmbito do Mesmo na filosofia ocidental (FOUCAULT, 1994a, p. 160; 243). Em *Le courage de la vérité: le gouvernement de soi et des autres* (FOUCAULT, 2009) é o protótipo do filósofo que propõe uma ética fundada no cuidado com a vida e com *a* verdade.

Nesse curso, dois diálogos platônicos são estudados: o *Laques* (PLATON, 1967b, p. 223-260) e a *Defesa de Sócrates* (Platon, 1997). No *Laques* é apresentada a qualificação fundamental do filósofo parrhesiasta que é a coragem de verdade. Sabendo que Platão utiliza poucas vezes o termo *parrhesía*, no *Laques* é significativo que ele apareça três vezes (178a, 179c,

---

[69] A relação entre verdade e coragem foi desenvolvida também em: "Filosofia e coragem de verdade em Michel Foucault" (CANDIOTTO, 2007b, p. 31-52).

189a). Em duas delas Sócrates encontra-se envolvido pela *franqueza* que os interlocutores terão com ele no diálogo (179c) e pela *sinceridade* que ele exerce quando sustenta seus discursos (189a). Vale ressaltar que um dos aspectos fundamentais da enunciação da verdade nas escolas filosóficas antigas consiste em saber até que ponto alguém pode ter credibilidade naquilo que diz, de modo a poder ser *qualificado* como mestre da verdade.

A credibilidade de Sócrates deixa a desejar se for avaliada a partir dos critérios de qualificação sociais e políticos de sua época: ele não é reconhecido como cidadão eminente, porquanto nesse diálogo de juventude é pouco conhecido; Sócrates é mais jovem do que os interlocutores que lhe vêm pedir conselhos e, ao contrário deles, não dera qualquer prova de coragem na sua cidade (PLATON, 1967b, p. 238); tampouco é um grande soldado que exerce suas habilidades no campo de batalha.

Sócrates é qualificado como *parrhesiasta* por uma razão simples: seus interlocutores observam a harmonia corajosa entre seus discursos (*lógoi*) e suas obras (*erga*) (FOUCAULT, 1997a, p. 95). Laques desconhece os discursos de Sócrates, mas já provou seu valor por sua coragem na batalha de Délio. Sua atitude corajosa em si mesma o torna digno de sustentação de belos discursos e de ampla liberdade de palavra (*lógon kai pases parrhesías*).

Sócrates fala com sinceridade e franqueza (*parrhesía*) porque o que diz está de acordo com o que pensa, e o que faz harmoniza-se com o que vive. Quando discursa, exterioriza a verdade; sua enunciação é prova da coragem de verdade. E, fundamentalmente, confronta a opinião de seus ouvintes de modo crítico, pondo em risco a própria vida (FOUCAULT, 1997a, p. 66). Resistir à opinião do senso comum e às decisões nem sempre sensatas da maioria, como ocorrerá com Sócrates em relação à Assembleia ateniense, é prova incontroversa do autêntico parrhesiasta.

A principal função da *parrhesía* consiste em cuidar para que o interlocutor escolha uma maneira de viver (*bíos*) concorde com aquilo que diz (*lógos*). No *Laques* há o jogo entre *lógos*, verdade e *bíos* no domínio da formação pessoal. Não se trata necessariamente da educação para governar, mas para conduzir a própria vida. A verdade que emerge do jogo parrhesiástico designa a verdade da vida de alguém. Segue a necessidade do vínculo entre conhecimento teórico (*máthesis*) e saber prático (*áskesis*) atuando na transformação da própria vida.[70]

---

[70] Era um lugar comum entre os gregos acreditar que as artes ou técnicas deveriam ser aprendidas pela *máthesis* e pela *áskesis*, ou seja, pelo conhecimento teórico e pelo adestramento prático. A filosofia como *tékhne toû bíou*, como arte de viver, segue esse esquema (FOUCAULT, 1997a, p. 95).

A articulação entre maneira de viver (*bíos*) e enunciação da verdade (*lógos*) está orientada para o cuidado de si (*epiméleia heautoú*). Em *L'herméneutique du sujet* fora analisado o cuidado de si no marco da educação da alma-sujeito de Alcibíades como condição indispensável para o bom governo. Em *Le courage de la vérité: le gouvernement de soi et des autres*, Michel Foucault indica um contraste entre o *Primeiro Alcibíades* e o *Laques*.

Quando Alcibíades pratica o cuidado de si mediante a *parrhesía* ele está constituindo-se a si mesmo como "realidade ontologicamente distinta do corpo" (FOUCAULT, 2009, p. 147), qual seja como *psuché*. O conhecimento de si é correlato da autocontemplação da alma. Ao contemplar o divino pode-se saber o que em nossa alma há de divino. Assim a *parrhesía* do *Primeiro Alcibíades* designa na filosofia ocidental o *discurso da metafísica*. A partir da indicação do fundamento ontológico do homem deduz-se uma moralidade com suas regras de conduta.

No *Laques*, ocupar-se consigo deixa de ser consequência da descoberta da *psuché* como realidade ontologicamente distinta do corpo; tal ocupação designa "maneiras de ser e de fazer" (FOUCAULT, 2009, p. 148) cujo efeito é a constituição de *atitudes*. A maneira de viver (o *bíos*) transforma-se em objeto de cuidado. Segundo Foucault, a história da filosofia ocidental vai oscilar entre o ser da alma (*Alcibíades*) e a maneira de viver (*Laques*), resultando numa metafísica da alma e numa arte de viver.

Vale ressaltar que o personagem de Sócrates é privilegiado não porque ele tenha inventado a estilística da existência. Sua presença recorrente no último Foucault deve-se ao modo como o genealogista usa os diálogos platônicos para apresentar sua maneira de filosofar. Sócrates é considerado o exemplo da articulação entre cuidado de si arcaico e franco-falar do mestre, da indissociabilidade entre maneira de viver e enunciação da verdade. Com Sócrates o discurso filosófico é elemento da vida filosófica, do estilo de viver.

Veyne (1986, p. 939) ressalta que o termo "estilo" no último ano de vida de Foucault "não quer dizer aqui distinção; a palavra precisa ser tomada no sentido dos gregos, para os quais um artista era, antes de tudo, artesão; e uma obra de arte, uma obra". A concepção de estilo de existência desempenhou papel significativo na vida interior de Foucault, "nos últimos meses de uma vida que apenas ele sabia estar ameaçada".

Pierre Hadot salienta que é preciso evitar confundir filosofia antiga designada como "arte de viver" com a expressão "estética da existência", utilizada por Foucault. A palavra "estética" dos modernos difere do conceito de "belo" (*kallón*) dos antigos. Com efeito, "os modernos tendem a representar o belo como realidade autônoma independente do bem e do mal, enquanto que para os gregos, pelo contrário, a palavra, aplicada aos homens, implica normalmente o valor moral" (HADOT, 2002, p. 308). Acrescente-se que os antigos procuram primeiro não o belo (*kallón*), mas o bem (*agathón*). Consequentemente, é equivocado reduzir a filosofia antiga à estetização da existência, como quer Foucault.

Pode-se objetar a Hadot que *L'herméneutique du sujet* e *Le courage de la vérité: gouvernement de soi et des autres* apresentam a filosofia antiga como modo de vida irredutível ao dantismo estético despreocupado com os valores, como às vezes é interpretado o pensamento do último Foucault.

A ética do sujeito pressupõe a ascética rigorosa e a defesa de valores de verdade que atuam em benefício dos cidadãos e da cidade e que, no limite, resultam na exposição da vida ao perigo em nome daquele valor.

Exemplo disso é o privilégio atribuído ao personagem Sócrates na *Defesa de Sócrates*, de Platão. Sobressai nele a prova qualificadora do verdadeiro *parrhesiasta* que é a coragem de verdade, já referida. Sócrates tem como missão cuidar dos atenienses e, por meio deles, da própria cidade. Ele a efetiva, contudo, no exterior das instituições políticas.

Vale lembrar que a *Defesa de Sócrates* é um diálogo judiciário no qual Sócrates encontra-se diante da Assembleia do povo[71] para ser julgado. O filósofo insiste que seu acusador está mentindo enquanto que ele diz a verdade ao defender aquilo que os cidadãos realmente precisam. Não se pode desprezar a recorrência da oposição entre retórica e filosofia. Enquanto o acusador possui a técnica da oratória fazendo uso da retórica jurídica como veículo de persuasão, o filósofo se expressa aberta e diretamente, como exige a *parrhesía*. A mera busca da habilidade retórica conduz ao esquecimento de si, razão pela qual apenas o discurso simples e direto (*parrhesía*) pode levar os cidadãos a se ocuparem de si mesmos.

---

[71] A esse respeito, ver Luc Brisson, 1997 (*apud* PLATON, 1997, p. 99, 25a, nota 114), que comenta o significado de Assembleia. "O fundamento da democracia ateniense repousava na soberania popular que se exprimia essencialmente por meio das assembleias de um lado, os tribunais de outro. A *Ekklesia*, a Assembleia do povo, propriamente falando, não era uma instituição. Era o povo reunido e, teoricamente pelo menos, todos os cidadãos atenienses tinham não apenas o direito, mas também o dever de assistir às sessões. É necessário dizer que tal situação jamais ocorria, se imaginarmos que no século V havia entre vinte mil e trinta mil cidadãos atenienses. Apenas uma fração do corpo cívico assistia efetivamente às sessões; e a necessidade de reunir seis mil votantes, por ocasião das assembleias que tinham que tomar decisões importantes indica suficientemente que tal número raramente era alcançado."

Outro elemento a ser ressaltado é que a negativa socrática de falar a verdade na Assembleia do povo ou ocupar cargos públicos tem como razão não o medo de ser condenado à morte em virtude da eventual retratação, e sim o temor de morrer por uma causa injusta e por um valor não verdadeiro.

A primeira parte da *Defesa de Sócrates* descreve a missão divina confiada a Sócrates por parte do deus para pôr em prática uma veridição diferente da veridição política e constitucional. Sócrates é descrente de que a *parrhesía* seja factível na política institucional (31c).

No primeiro momento do diálogo, um amigo de infância consulta o oráculo para saber se em Atenas há alguém mais sábio que Sócrates. O oráculo responde que ninguém é mais sábio que ele (21a). Ao ser informado da resposta do oráculo, o filósofo não compreende o que o deus quis dizer. Contudo, não tenta decifrar o enigma; antes, examina sua resposta enigmática entre os sábios de Atenas.

O segundo momento apresenta o modo como Sócrates conduz sua investigação verificadora. A questão consiste em saber se os cidadãos concordam com a profecia.

O último momento mostra a hostilidade dos cidadãos atenienses diante da investigação socrática, porquanto Sócrates não encontra ninguém mais sábio que ele. Ainda assim, ele não se detém em virtude do perigo que possa correr dizer a verdade para o bem da cidade, posto que diante de um valor verdadeiro é desprezível prender-se a calcular chances de vida e de morte. O risco e o medo da morte são avaliados pela *coragem* demonstrada diante de um valor de verdade, e não como consequência do artifício retórico inútil empregado pelos membros da Assembleia.

Foucault destaca no diálogo a peculiaridade da *parrhesía* filosófica. Ela se assemelha à missão do soldado que no campo de batalha procura defender-se a fim de defender os cidadãos, cuidar de si para impeli-los a cuidar de sua razão e de sua alma. O cuidado exige exercitar a razão tendo em vista a tomada da boa decisão e a ruptura com as falsas opiniões; implica encaminhar-se em direção da *alétheia* e da *phrónesis*; supõe o exercício da alma na busca da sabedoria.

Merece ser sublinhado que a *parrhesía* filosófica difere de outros regimes de veridição observados na profecia, na sabedoria e no ensino. Assim como na veridição profética, ela tem como ponto de partida a profecia do deus Apolo, mas a desloca da decifração do enigma para a investigação verificadora da palavra do deus na própria realidade, a fim de testar o valor de verdade do seu discurso. Portanto, transposição do campo profético para o campo verídico. Analogamente à veridição da sabedoria, ela exige o exame das almas; no entanto, não se detém no ser das coisas e na ordem do mundo. Semelhante à veridição do ensino, ela ajuda a dirimir a ignorância; porém, ao não considerar suficiente a transmissão do conhecimento, ajuda cada um a dar-se conta de que ignora a real necessidade do cuidado de si.

Em *A Defesa de Sócrates*, a *parrhesía* designa a própria veridição filosófica cuja exigência fundamental define-se pela resistência corajosa diante de discursos e práticas da política institucional, risco assumido como efeito do prévio exame de si. A veridição filosófica é inassimilável pela retórica política: por isso ocupar-se de si mesmo é fundamental. Trata-se de *parrhesía* ética, na medida em que os perigos são enfrentados em consequência do valor de verdade a ser defendido.

A prova qualificadora da *parrhesía* filosófica é a coragem de verdade cuja função é buscar o bem comum dos cidadãos e, indiretamente, da cidade. Ela se desdobra em eminente veículo de cuidado e de solicitude. Sócrates insiste em cuidar dos atenienses em virtude de missão divina. Sem embargo, através dele o próprio deus é que dá mostra de sua solicitude com os homens.

É preciso mencionar a atenção concedida por Michel Foucault às últimas palavras de Sócrates no *Fédon*, quando o filósofo promete sacrificar um galo ao deus da medicina, Esculápio, em agradecimento à cura alcançada. Seguindo análise de Dumézil (1984), Foucault chama atenção para o fato de que tal agradecimento não corresponde à cura de doença física. A doença da qual Sócrates é curado concerne à corrupção da alma, qual seja, quando o filósofo renuncia defender um valor de verdade para seguir a opinião geral e ordinária da humanidade, "essa opinião capaz de corromper as almas" (FOUCAULT, 2009, p. 96). Sócrates agradece Esculápio porque sua filosofia independe das massas, sendo efeito da fidelidade à sua missão. A cura da alma é consequência da terapêutica filosófica propiciada pelo seguimento da *phrónesis*, do justo pensamento.

Constitui prova da coragem de verdade naquele que é guiado pelo justo pensamento submeter até mesmo a própria vida ao risco indelével da morte, a fim de sugerir que matar o filósofo pela simples razão de que ele defende um valor de verdade, sempre será um equívoco. Sócrates resiste à tentação de escapar da prisão e prefere submeter-se à morte. Vale ressaltar, porém, que tal atitude não é consequência do mero respeito às leis (*nómos*);

ela é aceita em virtude da reverência pela missão a ele confiada: cuidar do *êthos* dos atenienses.

Na *parrhesía* filosófica, o elemento diacrítico para estabelecer o verdadeiro e o falso a fim de distinguir o *parrhesiasta* do falastrão consiste na determinação da vontade em defesa do valor incorruptível de verdade. As circunstâncias da morte de Sócrates constituem exemplo maior para qualquer filosofia que pretenda vincular cuidado de si e valor de verdade.

Em suma, se o termo *parrhesía* designa a prática do franco-falar – critério do dizer-verdadeiro –, quem a usa é o *parrhesiasta*, aquele que não esconde coisa alguma de seu interlocutor. É estabelecido vínculo forte e complexo entre o falante e seu discurso, razão pela qual usa sempre expressões diretas e evita quaisquer artifícios retóricos.

O retórico fornece ao ouvinte os dispositivos técnicos necessários para ajudá-lo a persuadir a assembleia ou o júri independente da sua convicção sobre aquilo que fala ou ensina. Quando usa a *parrhesía*, o filósofo atua no pensamento dos demais, exteriorizando suas convicções do modo mais simples possível. Se o retórico se preocupa com o belo discurso, o *parrhesiasta* ocupa-se do falar-franco, do dizer-verdadeiro; o primeiro sacrifica a convicção em nome da persuasão, o segundo ata indissociavelmente seu falar, sua opinião e sua maneira de viver.

> O *parrhesiasta* diz o que é verdadeiro porque sabe o que *é* verdadeiro; e sabe o que é verdadeiro porque *é* realmente verdadeiro. O *parrhesiasta* não é sincero apenas quando diz sua opinião; ocorre que sua opinião também é a verdade (FOUCAULT, 1997a, p. 5).

Na *parrhesía* grega, a coincidência entre opinião e verdade se exterioriza na atividade da enunciação. Daí algumas exigências em relação àquele que faz uso dela. Ele deve ser reconhecido pela qualidade ética da coragem, sempre que enuncia a verdade contra a opinião da maioria ou de quem tem maior poder que ele, pondo em risco, se necessário, a própria vida. Ele prefere morrer em defesa de um valor de verdade a contentar-se com uma maneira medíocre de viver.

Enunciações têm valor de verdades sempre que apresentam custo elevado para aquele que enuncia, a saber, quando incomodam ou ferem o interlocutor ou o próprio falante, desde que este último encontre-se sempre em posição de inferioridade em relação ao seu interlocutor.

A liberdade corajosa da enunciação precisa estar vinculada ao *dever* ético de falar a verdade, desde que o dever proceda daquela coragem.

Em síntese:

> A *parrhesía* é uma espécie de atividade verbal pela qual o falante tem uma relação específica com a verdade por meio da franqueza, uma certa relação com a própria vida por meio do perigo, um certo modo de relação consigo ou com os outros por meio de uma crítica (autocrítica ou crítica a outrem) e uma relação específica com a lei moral por meio da liberdade e do dever. Mais precisamente, a *parrhesía* é uma atividade verbal pela qual um falante exprime sua relação pessoal à verdade e arrisca a própria vida porque reconhece que 'dizer a verdade' é um dever que ajuda outras pessoas (bem como a si próprio) a viver melhor (FOUCAULT, 1997a, p. 9).

A abordagem da *parrhesía* como modelo de subjetivação histórica da verdade apresenta o caráter paradoxal da filosofia grega: de um lado, essa filosofia trata a problemática da verdade pela perspectiva do estabelecimento dos critérios específicos dos enunciados verdadeiros e das argumentações sensatas; de outro, ela a considera do ponto de vista da *atividade verbal*, da enunciação verdadeira.

Ocorre algo análogo no projeto crítico da filosofia moderna. Uma de suas vertentes desenvolve-se a partir da tentativa de legitimação histórica dos conhecimentos verdadeiros; outra está articulada em torno da dramatização da verdade, ao estabelecer as condições de quem é capaz de dizê-la, como é possível reconhecer aquele que a diz, por que na sociedade os indivíduos são compelidos a dizer a verdade sobre eles mesmos, e assim por diante.

Quando, no final de sua vida, Michel Foucault lê sua investigação orientada pela problemática da verdade, sob a segunda perspectiva é que ela pode ser situada. De algum modo, a história crítica da verdade por ele proposta constitui empresa paralela à da história das ciências na França cuja crítica é endereçada à herança da tradição transcendental, na qual a abordagem da verdade é pensada somente a partir do postulado do sujeito de conhecimento.

> Enquanto na França os historiadores das ciências se interessam essencialmente pelo problema da constituição de um objeto científico, a questão que me coloquei era essa: como é possível que o sujeito humano se ofereça como objeto de saber possível, por meio de que formas de racionalidade, mediante quais condições históricas e, por fim, a que preço? Minha questão é essa: a que preço o sujeito pode dizer a verdade sobre ele mesmo? A que preço pode o sujeito dizer a verdade sobre si mesmo como louco? Ao preço de constituir o louco como o outro absoluto, pagando não somente esse preço teórico, mas também um preço institucional e até mesmo econômico, tal como a organização da psiquiatria permite determiná-lo. [...] Como podemos dizer a verdade sobre o sujeito doente? Como podemos

dizer a verdade sobre o sujeito louco? Eram meus dois primeiros livros. *Les mots et les choses* perguntava: a que preço podemos problematizar e analisar quem é o sujeito falante, trabalhador e vivente? Por isso é que tentei analisar o nascimento da gramática, da gramática geral, da história natural e da economia. Em seguida, coloquei esse mesmo gênero de questões a respeito do criminoso e do sistema punitivo: como dizer a verdade sobre si mesmo na medida em que se pode ser um sujeito criminoso? É o que farei a respeito da sexualidade remontando muito além: como o sujeito pode dizer a verdade sobre ele mesmo quando é sujeito de prazer sexual e a que preço? (FOUCAULT, 1994d, p. 442-443).

Essa longa citação indica que a investigação de Michel Foucault trata da problemática da verdade tomando distância da pergunta pela legitimidade do conhecimento a partir das condições do sujeito de conhecimento; mas também ela não toma como método a decifração suspeitosa do eu, buscando desenterrar indefinidamente a verdade escondida na subjetividade.

Fundamentalmente, a história crítica da verdade está relacionada à produção de enunciações. Ao elaborar discursos, o sujeito problematiza suas práticas e seu modo de ser no mundo. Tais discursos são reconhecidos como verdadeiros sempre numa época determinada e mediante o enfrentamento com o poder. É o caso de Sócrates diante da Assembleia de Atenas, do louco diante do psiquiatra, do discípulo diante do mestre, do paciente diante do psicólogo. Michel Foucault examina essas dramatizações plurais da verdade que têm atuado na constituição histórica do sujeito ocidental.

Política da verdade e ética do sujeito

A tese de que a subjetivação ética dos discursos verdadeiros é indissociável de uma dupla relação de resistências, tanto a do indivíduo em relação a si mesmo quanto a das ações desse indivíduo diante de outras ações que buscam sujeitá-lo, sugere a vinculação estreita entre subjetivação ética e subjetivação política no pensamento de Foucault, sobretudo a partir do final dos anos 1970.

Se a preocupação política desembocou na ênfase da ética, se a pretensão do governo dos outros levou à problematização do governo de si, é necessário frisar que nos últimos anos de sua vida Foucault não deixa de lado a política. Se por um lado a subjetivação histórica do cuidado de si inscreve-se como desdobramento do campo da governamentalidade, por outro ela se constitui numa das possibilidades de releitura da política a partir da ética do sujeito.

Essa releitura pode ser encontrada de maneira germinal em *Le sujet et le pouvoir*, publicado em *Dits et ecrits*, IV (FOUCAULT, 1994d). Nesse artigo Foucault recapitula posições anteriormente assumidas e explicita novas perspectivas de sua investigação. De fundamental importância é a ideia de que as relações de poder excluem relações de violência ou a supressão da liberdade.

Enquanto as relações de violência atuam sobre o corpo dobrando-o e reduzindo qualquer resistência à mera passividade, impossível é pensar as relações de poder sem a presença do outro, como alvo do exercício do poder. Na condução de condutas o outro permanece como sujeito de ações, porque inexistem relações de poder sem possibilidade de invenções, reações, resistências. A violência deixa de ser a natureza primitiva das relações de poder porque elas constituem "um modo de ação que não age direta e imediatamente sobre os outros, mas sobre sua própria ação. Uma ação sobre ações eventuais ou atuais, futuras ou presentes" (FOUCAULT, 1994d, p. 236).

As relações de poder tampouco são da ordem da renúncia da liberdade, da transferência de direitos ou da delegação de poderes de alguns em benefício de seus representantes. Ocorre que às vezes elas sejam da ordem do consentimento; igualmente é inegável que o consentimento torna-se condição para que o poder se mantenha. Rejeita-se somente que em seu exercício cotidiano as relações de poder estejam atreladas somente à transferência de poder pelo consenso.

Nessa conferência de 1981, as relações de poder são pensadas pelo viés da governamentalidade. A partir dela, tais relações são vistas como conjunto de ações sobre ações possíveis; modos de agir "sobre um ou sobre sujeitos agentes quando agem ou são suscetíveis de agir" que qualificam "modos de ações mais ou menos refletidos e calculados, mas todos destinados a agir sobre as possibilidades de ação de outros indivíduos" (FOUCAULT, 1994d, p. 237). As relações de poder situam o governo dos outros de modo indissociável do governo de si mesmo, no complexo jogo entre condução de condutas e resistências livres.

Na ética do sujeito, recusa-se pensar *a* liberdade como objeto natural preexistente; tampouco ela designa o processo desistoricizado de autocriação pelo qual alguém se constitui como sujeito livre. A liberdade não se opõe ao poder; pelo contrário, somente é viável pensar em relações de poder quando as ações de governo são exercidas sobre sujeito livres no sentido de que eles dispõem de um campo de possibilidades plurais que se estendem da aceitação da condução dos outros à constituição de resistências em ser conduzidos desse ou daquele modo. Sujeitos livres assim são designados somente quando agem livremente e no momento em que agem.

Assim, em vez de falar sobre *o* poder, Foucault trata de seu exercício, de sua relação; ao contrário do discurso sobre *a* liberdade, ele se atém à problematização das práticas de liberdade. Igualmente, ao invés de discorrer sobre *o* sujeito, ele apresenta um sujeito agindo sobre si mesmo ou resistindo às ações de condução dos outros. Se as relações de poder são impensáveis sem a postulação da "insubmissão da liberdade", analogamente a "recalcitrância do querer" está condicionada pela "intransigência da liberdade" (FOUCAULT, 1994d, p. 238).

Nas políticas de verdade, a condução de condutas é limitada pela indocilidade refletida: as resistências implicam a exigência de ser governado diferentemente e por outros agentes. Na ética do sujeito, a imposição do desejo é limitada pela insistência das práticas de liberdade: o embate fundamental ocorre na distância do eu (*je*) para comigo (*moi*). De um lado, recorrência do desejo e ambição desenfreada de governar os outros sem a preparação adequada; de outro, resistências constituídas pelas práticas de liberdade que limitam o desejo. A perspectiva é invertida: a ênfase é o governo adequado de si mesmo, condição indispensável para o governo dos outros.

A condição da política é a ética, tanto para quem governa quanto para quem resiste em ser governado. Se alguém quiser livremente governar os outros, convém resistir à recalcitrância do querer; igualmente, a melhor maneira de resistir a uma determinada forma de governo consiste em limitar aquilo que no indivíduo parece ser ingovernável, que são suas próprias ambições. A constituição ética é estabelecida de modo agonístico, pela provocação incessante e pela tensão inacabada entre querer e liberdade.

Assim, a governamentalidade é o pano de fundo tanto da constituição política quanto da constituição ética do sujeito. Isso porque ela designa tanto os "jogos estratégicos entre liberdades – jogos estratégicos que fazem que uns tentem determinar a conduta dos outros, aos quais os outros respondem tentando não deixar determinar sua conduta ou tentando determinar, em retorno, a conduta dos outros" (FOUCAULT, 1994d, p.728) – quanto o embate agonístico estabelecido do sujeito para consigo, quando, ao querer desmedido, ele opõe ações livres.

Considerações finais

Em 1980, Michel Foucault admite que, de um ponto de vista filosófico, sua investigação pode ser inscrita na "tradição *crítica*" que remonta a Kant (FOUCAULT, 1994d, p. 631).[72] Tal parecer causa estranheza, porquanto tal tradição normalmente encontra-se associada ao legado transcendental do sujeito de conhecimento que, nos séculos XIX e XX, desemboca na analítica da verdade. Afora isso, Michel Foucault jamais almejou incluir a trajetória de seu pensamento numa *tradição* filosófica.

Esse estudo ajudou a compreender que a empresa do pensador destaca-se pela crítica incessante do privilégio concedido ao sujeito de conhecimento na filosofia ocidental. Ela se distancia da função maior de conhecer o conhecimento como veículo suficiente de dissuasão do erro e da ilusão.

Assim sendo, se seu pensamento pode ser situado na tradição crítica de Kant, é porque faz parte do desdobramento de *outra* crítica, que designa como tarefa fundamental da filosofia diagnosticar o presente. Entre a filosofia do sujeito transcendental e a concepção de história reclusa na finalidade interior do tempo, o opúsculo *Was ist Aufklärung?* (1783) é o "arquivo" privilegiado de Foucault para incluir-se na tradição crítica de Kant. Artigo de jornal, a concepção de *Aufklärung* do texto kantiano é apresentada como acontecimento a ser reativado continuamente pela filosofia. Esta é designada na investigação foucaultiana, como prática histórico-crítica, como exercício para não pensar a mesma coisa que antes, a introdução da diferença entre o que já não somos e o que estamos nos tornando.

Kant é valorizado por Foucault não porque tenha fundado uma doutrina ou cunhado uma corrente de pensamento, mas porque desenvolve

---

[72] Afirmação feita por François Ewald.

uma atitude diferente em relação a seu tempo. Trata-se da atitude crítica como prática filosófica. Depois de Kant, a atitude crítica está presente nas filosofias de Weber, Hegel, Nietzsche, Habermas, na Escola de Frankfurt, na história das ciências francesa de Cavaillès, Bachelard, Canguilhem, Koyré, etc. Atitude crítica designa a resposta do pensamento às questões colocadas pela atualidade na época em que vive o filósofo. Por isso ele não pode repetir soluções propostas em outra época, porque já não se tratam das mesmas questões.

No caso de Foucault, a atitude crítica configura a saída recorrente da filosofia do sujeito, o distanciamento da justificação neutra de verdade, a recusa da legitimidade intrínseca do poder, a renúncia à mesmice do pensamento.

São constitutivas da atitude crítica a transformação incessante do pensamento, a dobra da curva do inteligível, o elogio da diferença. A crítica na qual sua filosofia se inscreve é política e ética, gesto filosófico, ontologia histórica e tensão corajosa entre discursos e práticas. Relevante na atitude crítica é a reativação da *Aufklärung* como questão pertinente que incita a desconfiar de familiaridades próximas e de certezas demasiado evidentes. O pensador detém-se na questão que envolve a verdade daquilo que somos, pensamos e fazemos. Ele procura diagnosticá-la historicamente, a fim de mostrar a provisoriedade daqueles discursos que autenticam a identidade, forçam a coerência do pensamento ou tornam as práticas homogêneas.

A tradição crítica da qual Michel Foucault faz parte toma distância da filosofia que almeja determinar condições formais e limites transcendentais do conhecimento dos objetos;[73] antes, trata-se da história das "condições e das possibilidades indefinidas de transformação do sujeito" (GROS, 2001, p. 508).

---

[73] Enquanto Descartes responde afirmativamente à questão de se o sujeito, tal como é, pode ter acesso à verdade, "Kant também responderá de modo tanto mais afirmativo quanto restritivo: o que faz com que o sujeito, tal como é, possa conhecer, é o que faz também com que ele não possa conhecer-se a si mesmo" (FOUCAULT, 2001, p. 504). Ou seja, na *Crítica da razão pura* o sujeito não pode conhecer-se a si mesmo, porque, na qualidade de sujeito constituinte, é a condição de conhecimento dos objetos, não sendo ele próprio objeto de seu conhecimento. Isso não vale para a *Crítica da razão prática*, na qual Kant, novamente traz à tona o "primado de uma constituição do eu ético" (GROS, 2001, p. 504, nota 27). Tampouco, vale para a *Anthropologie du point de vue pragmatique*, posto que, se for verdade que nesse livro o homem não é reconhecido na sua condição de objeto da razão pura, é porque seu saber remete ao *conhecimento do mundo*, no âmbito do qual ele é qualificado como um *"cidadão"* e nos limites do qual ele é aquilo que, no uso de sua livre atividade, "faz ou pode e deve fazer de si mesmo" (KANT, 1979, p. 11). Portanto, se o homem não pode ser assimilado ao conhecimento dos objetos, é porque ele mesmo se torna um objeto na livre atividade que envolve suas próprias práticas.

Para entender essa reviravolta é imprescindível situar a história crítica da verdade na história crítica do pensamento. Por pensamento, entende-se a análise das condições entre as quais são formadas ou modificadas articulações entre sujeito e objeto. Paradoxalmente, não se trata de história dos objetos, porquanto não se parte da representação do "objeto preexistente" ou da criação pelo discurso de "objeto que não existe" (FOUCAULT, 1994d, p. 670); tampouco é assimilada à filosofia do sujeito, pois tal demarcação distancia-se de um princípio transcendente do *ego* ou do sujeito sem história.

Fazer a história do pensamento significa estudar modos de objetivação e modos de subjetivação responsáveis pela formação e modificação da articulação entre objetos e sujeitos.

No primeiro caso, toma-se distância da perspectiva que busca definir as condições formais do sujeito como objeto, para analisar como ele *se tornou* historicamente assim para um saber possível e pôde ser problematizado desse modo num momento determinado. No segundo caso, afasta-se da análise que trata de decompor as condições empíricas que permitiram a um sujeito em geral tomar conhecimento de um objeto preexistente na realidade; antes, tenta-se saber como ele *tornou-se* sujeito, qual seu estatuto, sua posição, sua função, de modo que seja reconhecido como sujeito legítimo num domínio de saber e num momento específico.

Elaborar a história crítica do pensamento é indissociável da genealogia do sujeito, já que constitui tarefa da genealogia recolocar o sujeito no domínio histórico das práticas entre as quais não cessa de se transformar. Trata-se de substituir o sujeito transcendental das filosofias pela pesquisa de suas "formas de imanência" (GROS, 2001, p. 507) entre saberes e práticas.

Na perspectiva da história crítica, a verdade não está no objeto (ele não preexiste, não é dado, torna-se tal numa articulação específica) nem no sujeito (ele não é uma essência, não é originário, torna-se assim nas práticas em que é tomado); tampouco na adequação entre um e outro, já que não são unidades fixas e determinadas.

A história crítica da verdade recusa ser a história das aquisições da verdade, de seu ocultamento ou da descoberta das coisas verdadeiras; ela é a história da emergência dos *jogos de verdade* a partir de modos de objetivação e de subjetivação específicos, história sempre provisória das "*regras* segundo as quais, a propósito de certas coisas, aquilo que um sujeito pode dizer pertence à questão do verdadeiro e do falso" (FOUCAULT, 1994d, p. 632).

Empreender a história crítica da verdade implica denunciar a precariedade de qualquer empresa que pretenda atribuir ao sujeito puro de conhecimento uma verdade universal. Supõe submeter quaisquer categorias antropologizantes à prova do acontecimento, qual seja, descrever as regras que num dado momento foram fabricadas como justificação de verdade para o modo como os homens se governam por meio de delimitação de espaços, de triagem entre sãos e doentes, loucos e não loucos, perfeitos e pecadores, etc.

A partir de tais modos de governo dos homens é que os jogos de verdade são instituídos, reconhecendo como verdadeiro aquilo que é acolhido racionalmente por um grupo e considerando como falso aquilo que é culturalmente preterido. Fazer a crítica consiste em descrever a emergência de alguns desses jogos na sua formação provisória e instável e, ao mesmo tempo, questionar a evidência das verdades que nos concernem.

A crítica de Foucault articula sujeito e verdade, ou seja: "o estudo dos modos segundo os quais o sujeito pôde ser inserido como objeto [para os outros e para si mesmo] nos jogos de verdade" (FOUCAULT, 1994d, p. 636). A partir de tal perspectiva é que o presente livro procurou abordar seu pensamento, do qual nuançamos os alcances e limites.

O primeiro modo de abordagem consistiu na interrogação da formação histórica do conceito de homem, situando-o como acontecimento discursivo surgido a partir da reorganização do jogo de regras entre saberes clássicos e modernos, entre o ocaso do infinito divino e a emergência da finitude indefinida. Foucault indica o projeto infrutífero da analítica da finitude e seu viés antropológico, quando busca a fundamentação de verdade no ser finito, mas cuja constituição carece de qualquer fundamentação. Ao descrever a formação do homem, desde sua inexistência entre os clássicos até seu iminente desaparecimento entre os contemporâneos, o arqueólogo procura contornar aquelas filosofias que ainda postulam a verdade do homem, seja na condição de objeto empírico, seja na função de sujeito transcendental.

Fazer a crítica, no sentido da arqueologia do saber, consiste na desconstrução da verdade do homem universalmente válida, o que não significa dizer que a verdade e que o homem sejam nada; apenas busca-se fazer sua genealogia e descrever sua constituição histórica. Foucault jamais nega a existência de uma verdade sobre o homem; contesta apenas sua estranha unidade, sua pretensa universalidade e sua suposta necessidade. Em compensação, aponta a dispersão do sujeito e do objeto, sua funcionalidade relativa, sua historicidade precária.

Nem filosofia do sujeito, tampouco metafísica do objeto. A arqueologia dos saberes sugere que a verdade é apenas o jogo definido por regras construídas nas limitações de uma cultura específica.

> Estabelecer esse jogo ou conjunto de regras que, numa determinada época e para uma determinada sociedade, autoriza o que é permitido dizer, como se pode dizê-lo, quem pode dizê-lo, a que instituições isso se vincula etc., enfim, o que deve ser reconhecido como verdadeiro e o que deve ser excluído como desqualificável, eis o procedimento que Foucault chama de "arqueologia" (MUCHAIL, 2004, p. 12).

Ao sugerir que a verdade é estabelecida num jogo de regras transformável, Michel Foucault abre o espaço no qual já não habita o sujeito portador da verdade e a filosofia fundadora de quaisquer conhecimentos. Trata-se de espaço vazio onde apenas o pensamento se exercita. Como exercício do pensamento é que sua filosofia torna-se possível.

Da leitura de *Les mots et les choses* (1966) surge a tese de que na Modernidade o pensamento deixa de ser representação, volvendo-se para a história como seu lugar incontornável (FOUCAULT, 1966, p. 231). Ele se dirige continuamente ao impensado, onde é ao mesmo tempo saber e modificação do que sabe, reflexão e transformação daquilo sobre o qual reflete; ele transforma ainda aquilo que toca, alterando o ser do homem. No caminho para o impensado, o pensamento é "modo de ação", "ato perigoso" (FOUCAULT, 1966, p. 339), pois afeta ou resiste, fere ou reconcilia. Segue seu caráter crítico, porquanto renuncia à fixidez das escolhas políticas e à inflexibilidade dos imperativos de comportamento. Sendo prática – no duplo sentido de modo de agir e de pensar –, o pensamento faz face ao jogo político e aos padrões comportamentais.

Se o primeiro modo pelo qual o sujeito é inserido como objeto nos jogos de verdade tem como pretensão contornar os universais antropológicos no nível das formações discursivas, outra maneira de inserção configura-se pela atenção às práticas concretas entre as quais ele é constituído na imanência de um domínio de conhecimento.

A diferença estabelecida entre saber e ciência, entre verdade científica e genealogia da verdade sugere que nas ciências do homem as verdades atribuíveis ao sujeito são produzidas como efeitos de mecanismos complexos de poder. Em busca de justificações racionais e sociais, determinadas práticas coercitivas funcionam *como se fossem* verdades, fortalecendo segregações e separações. Estratégias de poder produzem efeitos de verdade, funcionam como tais.

Michel Foucault procura destituir a universalidade e a aparente evidência das estratégias de poder. É o que ocorre com a estratégia do aprisionamento do louco e seus efeitos de verdade na formação do conceito de doença mental. Os jogos que emergem dos saberes e práticas em torno do aprisionamento do louco indicam que a verdade atribuída à loucura constitui apenas efeito de separações normativas entre o verdadeiro e o falso, historicamente delimitadas numa política de verdade. A preocupação maior deixa de ser a verdade da loucura, mas sim o que gira em torno dela, o papel econômico e político que ela desempenha na sociedade.

O genealogista descreve a emergência e a proveniência, o funcionamento e a transformação dos jogos de verdade a fim de fazer surgir tanto quanto possível o momento em que eles foram definidos e as separações efetuadas, quando a diferença aproxima-se da identidade e o falso quase não se separa do verdadeiro.

Se a estratégia genealógica consiste em reportar jogos de verdade às práticas entre as quais eles emergem, uma modalidade especial de práticas não pode ser negligenciada na investigação de Michel Foucault quando se estuda a articulação entre verdade e sujeito, quais sejam as chamadas práticas confessionais.

Percorrendo o âmbito plural da ciência-confissão moderna, tais como a psiquiatria e a clínica psicológica a partir do século XIX, Michel Foucault ilustra como a produção da verdade proliferou-se entre os modernos por novas maneiras de enunciação procedentes de antigas formas de discursos do eu, tais como a confissão e o exame de consciência, postos em prática pela primeira vez no cristianismo.

Nas práticas confessionais, são os indivíduos que falam de si próprios; nesse caso, a verdade é produzida no jogo pelo qual aquele que fala depende de outro que tem maior poder que ele: um psicólogo, um psiquiatra, um confessor, um diretor de consciência e assim por diante.

Qualifica-se de verdade o efeito do jogo de coerção e reconhecimento da loucura entre o psiquiatra e o suposto louco, de discursividade de si e de decifração entre paciente e psicólogo, de verbalização e de escuta entre dirigido e diretor de consciência. A função do diretor, do psicólogo e do psiquiatra consiste em fazer com que aquele que enuncia trate de ser aquilo que reconhece ser: pecador, desviado, louco.

A produção de verdade é exteriorizada como obrigação de verdade quando as pessoas reconhecem sua identidade como efeito de estratégias de poder envolvendo a enunciação sobre si e a decifração por outrem.

A confissão deixa de interessar-se pelos atos para extrair a verdade do ser, constituindo indivíduos mediante sujeição da subjetividade.

Desde o momento em que as relações de poder são ampliadas para o domínio da governamentalidade, no significado de "técnicas e procedimentos destinados a dirigir a conduta dos homens", torna-se possível na investigação de Foucault falar do governo da família, da casa, do principado, do Estado, bem como do governo das almas e de si mesmo (FOUCAULT, 2004b, p. 92). Inicialmente, governar refere-se exclusivamente ao ato de dirigir alguém, de condução de condutas, como também seu contrário: conduzir-se diferentemente àquela condução, resistir ao seu modo de ser mediante determinadas contracondutas. O governo dos outros é indissociável do governo de si. Tecnologias de poder e técnicas de si conformam o foco central das investigações de Foucault a partir de 1978. Elas configuram a indissociabilidade entre as preocupações éticas e políticas do pensador.

O governo dos outros introduz efeitos de totalização e de individualização que atuam na constituição da subjetividade. Contudo, o poder sujeita o indivíduo ao governo somente se ele permanecer livre, se ele for pensado como sujeito de ações. As contracondutas, estudadas por ocasião da análise das tecnologias do poder pastoral, designam maneiras de governo de si, de constituição do sujeito; elas são múltiplas, imediatas e constituem resistências não necessariamente à dominação política ou à exploração econômica, mas aos efeitos da totalização e da individualização postos em prática no Ocidente pela tecnologia pastoral cristã e suas exigências de verbalização exaustiva e obediência integral.

Correlatas à prática do governo, as contracondutas serão filosoficamente agrupadas em torno da noção de atitude crítica. A crítica à qual se refere o professor do Collège de France conforma a atitude ética de resistência à pretensão de racionalidade por parte do governo das condutas e à reprodução do poder efetuada pelos discursos de verdade. Assim, a atitude crítica diante do governo em seus efeitos de verdade é condição para a não-aceitação da verdade em seus efeitos de poder.

Segue que a perspectiva do governo dos outros permanece fundamental para entender o governo de si, a constituição ética do sujeito. Convém duvidar daquelas análises que afirmam ter Michel Foucault se refugiado na ética do sujeito, após os impasses decorrentes da analítica do poder. A ética do sujeito permanece indissociável da política da verdade. Com seus deslocamentos próprios, a ética do sujeito amplia a perspectiva da atitude crítica, direcionando-a para a constituição do sujeito ético.

O alcance maior que a dupla perspectiva da governamentalidade trará para seu pensamento será o fato de que o sujeito deixa de ser apenas efeito de verdade e efeito de poder para tornar-se "*aquilo que se constitui e se transforma* a partir de um discurso verdadeiro, numa relação determinada consigo" (GROS, 2004, p. 20, grifo do autor). As práticas de resistência se articulam no último Foucault sem a *matriz* capilar do poder e sem a *obrigação* de verdade, desdobrando-se na história das práticas de subjetivação dos anos 1980, também conhecida como história da *ética*.

Reserva crítica merece ser estendida ainda às interpretações que assimilam a problematização da ética do sujeito à descoberta enfim realizada do sujeito puro e constituinte, outrora disperso entre as regras discursivas da arqueologia e fabricado nas malhas do saber-poder. Ora, Foucault não descobre o sujeito transcendental; apenas estuda a constituição histórica de modos de ser, modos de vida, de subjetividades.

Nos últimos anos de vida, o filósofo problematiza os jogos de verdade distanciando-se da hermenêutica do sujeito e propondo uma história das práticas de subjetividade. Na primeira, parte-se do sujeito para aceder à verdade, na segunda é preciso armar-se de discursos verdadeiros para que haja subjetivação; numa o resultado do processo é a descoberta do sujeito da verdade universal; noutra, a aquisição dos discursos verdadeiros produz subjetivações contingentes, porquanto alguém se torna sujeito somente quando age.

Na hermenêutica, a verdade está escondida *no* sujeito, seja pelo processo da dúvida generalizada, seja pela verbalização infinita. A verdade configura o fundo da identidade e oferece-se mediante reconhecimento verbal daquilo que é o sujeito. Na história das práticas de subjetividade, as verdades são úteis se forem matrizes de ação e instrumentos para que o sujeito aja corretamente.

A constituição de subjetividades é efeito das práticas de si ascéticas. Estas não são derivações do sujeito unitário doador de sentido; pelo contrário, são a constituição de múltiplas subjetividades que se desprendem daquelas práticas na forma de técnicas de si, tais como a escuta, a leitura, a escritura e a direção de consciência. Mediante sua análise na história singular da cultura antiga grega e romana, outra articulação entre subjetividade e verdade é estabelecida.

Se até meados dos anos 1970 o sujeito é abordado pelo estudo dos modos segundo os quais ele é produzido nos jogos de verdade dos saberes entre si, nos mecanismos do saber-poder ou, ainda, nas redes de obediência das tecnologias pastorais, surge a possibilidade da história da subjetividade centrada no modo como o sujeito é impelido a efetuar uma experiência ascética de *transformação* como condição de acesso à verdade.

Verdade, nesse caso, afasta-se da ideia de evidência intelectual do eu psicológico. Ela concerne a jogos específicos. Os jogos de verdade que emergem das práticas ascéticas são enunciações verdadeiras tão somente porque funcionam como matrizes práticas de ações, atuando ao modo de mecanismos de proteção individual em face dos acontecimentos da existência, tais como por ocasião de uma doença, da perda de algo ou de alguém ou diante da iminência da morte. Estar em posse de tais enunciações verdadeiras não significa transformá-las numa verdade *do* sujeito enfim descoberta. Elas constituem equipamento a ser adquirido após árdua ascese.

Conforme Michel Foucault, jamais o sujeito pode alcançar definitivamente a verdade, ao modo da contemplação imediata. O autodomínio alcançado na ascese não tem seu ponto de chegada no eu acabado; ele apenas constitui instrumento para suportar as vicissitudes dos acontecimentos.

Quando se escreve uma carta a outrem, importa menos seu conteúdo do que o gesto de escrever, a sensação de que os sentimentos serão lidos por outro; analogamente, na direção de consciência o elemento relevante deixa de ser a verdade do enunciado, o pensamento que se confessou; importa a enunciação da verdade, a vergonha que implica confessar-se, a circunstância da verdade, seu ritual, o momento e o lugar adequado, a quem se deve confessar.

Imprescindível para a constituição da subjetividade é a *atitude* de se transformar, de se ultrapassar. Ela provoca a tensão ética inacabada entre o estilo de vida presente e a busca de novas maneiras de viver, a inquietude ética irredutível à angústia provocada pela cisão do sujeito das morais universalizantes (Gros, 2003, p. 163).

A articulação entre enunciação verdadeira e transformação ascética, entre verdade e subjetividade observada nos antigos, de algum modo foi *apropriada* pela maneira como Michel Foucault entende a filosofia.

O alcance decisivo da ética do sujeito é que a transformação do modo de vida deixa de ser meio para alcançar outro fim. Transformar-se é a própria finalidade da subjetivação histórica da verdade. Situada na tensão de um trabalho, no interstício de uma obra, a subjetivação da verdade implica um *fazer-se* incessante, subjetividades em contínua transformação *na* história e *pela* história.

Numa entrevista concedida nos últimos anos de vida, o pensador francês situa sua perspectiva: "Se conheço a verdade, então serei transformado" (FOUCAULT, 1994d, p. 535). Desprende-se que a transformação do sujeito – no caso do sujeito Foucault – é efeito da preocupação incessante com a história da verdade.

Na arqueologia do saber, a verdade é efeito de regras discursivas que historicamente qualificavam pensar o homem como sujeito e objeto; na genealogia dos anos 1970, o sujeito é fabricado como efeito de verdade, verdade concebida como extensão de mecanismos escusos, tais como as práticas da punição e da confissão. Na genealogia da ética, a importância da articulação entre subjetivação da verdade e transformação é o aspecto marcante de um pensamento que tenta esquivar-se continuamente da identificação, da personalidade que prefere o anonimato.

Michel Foucault preocupa-se com a atitude crítica direcionada para a maneira de viver (*bíos*) em contínua transformação: construção da diferença incessante, em vez da descoberta da identidade perene. Segue a importância da escritura histórica e sua articulação com a verdade, como modo privilegiado de ascese e transformação.

Vale ressaltar que Michel Foucault faz história sem a preocupação única com a narração fiel do passado; importa constituir *na* história e *pela* história a subjetivação da verdade, a transformação ascética.

> [...] a diferença fundamental entre o método que Foucault define nos anos setenta e a pesquisa histórica consiste num tratamento diferente da verdade. Diferença que encontra sua origem no fato que, enquanto para a historiografia a verdade se "manifesta" na narração dos acontecimentos, para a genealogia, a verdade é um produto não da história como seqüência de acontecimentos, mas da história como produção da relação entre aquele que escreve e seu objeto (ADORNO, 1996, p. 64).

Ao escrever a *diferença* que o separa do passado e sua estranheza diante dele, o escritor transforma seu olhar sobre o presente, situando-o como *uma* escolha histórica dentre outras excluídas, *uma* familiaridade diante de estranhamentos outros, *uma* perspectiva a ser diagnosticada. O diagnóstico do presente possibilita estabelecer também a *diferença* com o porvir, ao modo de uma ficção a ser realizada. Ficções históricas, e não objetos de historiografia: eis o objetivo dos estudos de Michel Foucault.

Pensada nos termos de suas definições abstratas, ficção é a realidade ainda inexistente. Contudo, o genealogista a designa mediante sua oposição à fábula. Se esta última é constituída por elementos dispostos numa ordem a partir daquilo que é contado, a ficção é formada pelos diversos regimes segundo os quais se narra.

Outra definição de ficção interessa sobremaneira a Foucault: ela é "a trama das relações estabelecidas entre aquele que fala e aquilo do qual ele fala" (FOUCAULT, 1994a, p. 506), entre o escritor e aquilo que escreve.

A trama entre alguém que fala (Foucault) e aquilo do qual fala (sua investigação) pode ser identificada nos domínios que ficciona, tais como a loucura, a doença, o aprisionamento e a sexualidade. Nas ficções que escreve, permanece em segundo plano a preocupação com a construção de um sistema de pensamento ou o enquadramento dos acontecimentos num sistema de análise. Importa a possibilidade das transformações na maneira de pensar, de ser e de atuar que elas permitem.

Jamais um livro é escrito a partir de um pensamento já formado; o gesto e a iniciativa de escrevê-lo visam o exercício do pensamento movente. Escreve-se para se transformar e "não mais pensar a mesma coisa que antes" (FOUCAULT, 1994d, p. 42), ocupar outras posições impensadas pelas teorias e não identificadas pelos poderes.

A subjetivação da verdade por meio da escritura visa à transformação das relações consigo, mas também a introdução da diferença na relação com os outros, quando leem o que está escrito.

Nas ficções históricas de Foucault não se busca o conhecimento exato do passado, mas novas maneiras de subjetivação ética. Em *Histoire de la folie à l'âge classique* (1972), é deixada de lado a história da psiquiatria ou da instituição do asilo; o livro objetiva que o leitor faça "uma experiência do que somos, daquilo que não apenas é nosso passado, mas também nosso presente, uma experiência de nossa Modernidade tal como dela *saímos* transformados" (FOUCAULT, 1994d, p. 44, grifo nosso). A escritura e a leitura constituem movimentos diferentes de *saída* de determinadas maneiras de pensar e agir, viver e se relacionar. Essa saída ou transformação do sujeito não é verdadeira nem falsa, no sentido proposicional de verdade e falsidade.

> Dou-me conta que não escrevi nada além de ficções. Não quero dizer, porém, que isso esteja fora da verdade. Parece-me que é possível fazer trabalhar a ficção na verdade, induzir efeitos de verdade com um discurso de ficção, e fazer de algum modo que o discurso de verdade suscite, fabrique algo que não existe ainda, portanto, que ele "ficcione". "Ficcionamos" a história a partir de uma realidade política que a torna verdadeira, "ficcionamos" uma política que não existe ainda a partir de uma verdade histórica (FOUCAULT, 1994c, p. 236).

Pensada nos termos da ficção histórica, a verdade se transforma em jogo, quer dizer, "um conjunto de regras de produção da verdade [...], um conjunto de procedimentos que conduzem a um determinado resultado, que pode ser considerado, em função de seus princípios e de suas regras de procedimento, como válido ou não, que se ganha ou se perde" (FOUCAULT, 1994d, p. 725).

O abandono da história das correntes de pensamento em benefício da preocupação com o jogo de regras entre discursos; a insignificância da história institucional dos asilos ou prisões[74] diante da genealogia das tecnologias de confinamento; a irrelevância da história dos códigos morais diante da importância das técnicas de ascese: eis a perspectiva das *ficções históricas* de Michel Foucault. Elas visam à transformação daquilo que somos mediante *artifícios* anteriores a quaisquer determinações universais do sujeito puro de conhecimento.[75] Os escritos cumprem com sua função se instigarem naqueles que exercitarem sua leitura, transformações na maneira de viver e de pensar, de modo a se constituírem em sujeitos de ações.

Subjetivação da verdade designa o deslocamento da teoria do sujeito puro de conhecimento para a constituição do sujeito de ações. Ela conforma a "análise histórica de uma pragmática de si".[76] Vale ressaltar, porém, que no caso de Foucault, pragmática de si designa o caráter ascético do exercício filosófico.

Em *Histoire de la sexualité, II: L'usage des plaisirs* (1984a), Foucault escreve que suas investigações são estudos de história pelos campos de que tratam, mas que deixam de ser considerados trabalhos de historiador, se tomados do ponto de vista de uma "pragmática" (FOUCAULT, 1984a, p. 16) ou do protocolo de um "exercício filosófico". O desafio da pragmática é saber "em que medida o trabalho de pensar sua própria história pode liberar o pensamento daquilo que ele pensa silenciosamente, e permitir-lhe pensar diferentemente" (FOUCAULT, 1984a, p. 17).

---

[74] "Eu quis, pois, fazer a história não da instituição prisão, mas da 'prática do aprisionamento'" (FOUCAULT, 1994d, p. 22).

[75] Conforme Foucault (1994a, p. 280), o ficcional não é o além nem o segredo íntimo do cotidiano, mas "esse trajeto de flecha que atinge nossos olhos e nos oferece tudo o que aparece"; ele é principalmente "aquilo que nomeia as coisas, as faz falar e na linguagem oferece seu ser já dividido pelo soberano poder das palavras".

[76] Segundo o filósofo, um dos eixos que perpassam sua investigação é o da subjetividade, a partir do qual ele tentou deslocar-se de uma teoria do sujeito para a análise histórica de uma "pragmática de si" (FOUCAULT, 2008, p. 7).

Se nas antropologias universalizantes o pensamento é o elemento originário da verdade e da unidade do sujeito, na história da subjetividade ele designa o exercício de desprendimento daquilo que o sujeito já conhece dele mesmo, de modo a poder "pensar diferentemente do que [...] pensa" e "perceber diferentemente do que [...] vê" (FOUCAULT, 1984a, p. 15). A história da subjetividade é pragmática porque prescinde de qualquer fundamentação antropológica e analisa nas práticas históricas a constituição do sujeito de ações.

No pensamento de Foucault, as práticas não se opõem às teorias, mas às abstrações; tampouco elas se referem às ações, privilegiando antes a constituição dos sujeitos quando agem; deixam de designar os fatos, para se ater aos indivíduos quando se transformam; não dizem respeito à verdade, mas aos sujeitos, no momento em que enunciam discursos qualificados como verdadeiros. Por conseguinte, um dos aspectos originais da sua investigação é o vínculo estabelecido entre pragmática da verdade e modos singulares de pensar o sujeito.[77]

Vale ser sublinhada ainda nas últimas aulas no Collège de France a insistência de que entre os antigos a eficácia da verdade depende da credibilidade daquele que a enuncia. Tal credibilidade é atribuída à coerência entre as enunciações do filósofo e suas práticas. Inexiste subjetivação da verdade por parte do discípulo se o filósofo não for reconhecido como mestre da verdade, aquele cuja qualificação necessária é a coragem de verdade diante de circunstâncias concretas adversas.

Indubitavelmente, o trabalho intelectual de Michel Foucault é indissociável de suas práticas, de seus engajamentos nas lutas locais, de sua crítica às tecnologias institucionais postas em funcionamento no mundo ocidental, de sua aversão às morais de estado-civil e assim por diante. A esse respeito, o presente trabalho prescindiu da biografia do filósofo, embora se saiba que suas práticas nutriam suas formulações teóricas e vice-versa. Seja ressaltado, contudo, que a única coerência que ele reivindica para si próprio é a coerência de sua vida. Jamais Foucault procurou se identificar com as lutas das quais participou, dos movimentos que apoiou, pois temia ser localizado pelas identificações do poder.

> Conheci algumas experiências com os hospitais psiquiátricos, com a polícia e no terreno da sexualidade. Tentei lutar em todas essas situações, mas não me

---

[77] Partilhamos essa posição com Francesco Adorno, 1996. Sobre a ideia de uma pragmática nos escritos do autor, ver RAJCHMAN, 2000, p. 68-87.

coloco na frente delas como o combatente universal contra os sofrimentos da humanidade em todas as suas relações. Desejo conservar minha liberdade diante das formas de luta nas quais me engajei. [...] Sobretudo, recuso ser identificado, ser localizado pelo poder [...] (FOUCAULT, 1994d, p. 667).

Conforme Michel Foucault, a escolha ética a ser feita pelo pensador na época atual independe da divisão normativa entre bem e mal. Pelo contrário, o filósofo precisa posicionar-se em face do "perigo principal" que ameaça uma determinada maneira de viver (FOUCAULT, 1994d, p. 386). É fato que na sua investigação introduziu interrogantes significativos sobre os principais perigos que ameaçam a sociedade qualificada de normal, racional e científica de seu tempo.

Sua história da verdade não *deixa* de constituir uma prova qualificadora da coragem de verdade, estudada nos seus últimos cursos e conferências. Coragem de pensar a ordenação dos saberes sem recurso ao sujeito doador de sentido, coragem política em face das estratégias de poder e das tecnologias de saber das diversas práticas institucionais, coragem ascética que implica converter a vida em trabalho de transformação singular, coragem que problematiza perigos e riscos que nos ameaçam.

Na investigação de Michel Foucault aquilo qualificado de verdadeiro pode ser somente efeito de mecanismos dispostos para preencher o vazio que constitui a finitude do pensamento, justificações racionais elaboradas para compreender as práticas cotidianas, escudos protetores adquiridos diante das vicissitudes ameaçadoras. No entanto, o verdadeiro é ainda indissociável de riscos assumidos, de atitudes críticas sustentadas, da crítica incessante de nosso ser histórico.

Após o ocaso da metafísica, do declínio das abstrações e da dispersão arqueológica do homem, a verdade *saiu* de si mesma para constituir-se como objeto do pensamento *na* história. Essa é a razão pela qual ela é reivindicada seja como justificação racional dos mecanismos de condução de condutas, seja como instrumento de resistência e de *atitude* crítica para aqueles que buscam conduzir-se e serem conduzidos de outra maneira.

Referências

ADORNO, Francesco Paolo. *Le style du philosophe*: Foucault et le dire-vrai. Paris: Kimé, 1996.

ADORNO, Francesco Paolo. La tâche de l'intellectuel: le modèle socratique. In: GROS, Frédéric (Org.). *Foucault et le courage de la vérité*. Paris: PUF, 2002. p. 35-62.

ARISTÓTELES. Metafísica: Livro I e Livro II. Tradução Vincenzo Cocco e notas de Joaquim de Carvalho. In: *Os pensadores*. São Paulo: Abril Cultural, 1973. p. 209-243.

BRISSON, Luc. Introduction. In: PLATON. *Apologie de Socrate, Criton*. 2ᵉ éd. corrigée. Paris: GF-Flammarion, 1997. p. 11-74.

CANDIOTTO, Cesar. Foucault: uma história crítica da verdade. *Trans/Form/Ação*, São Paulo, v. 29, n. 2, p. 65-78, 2006a. Disponível em: <http://www.scielo.br/pdf/trans/v29n2/v29n2a06.pdf>. Acesso em: 12 maio 2009.

CANDIOTTO, Cesar. Michel Foucault e o problema da antropologia. *Philosophica*, Valparaíso, v. 29, n. 1, p. 183-197, 2006b. Disponível em: <http://www.philosophica.ucv.cl/n29.htm>. Acesso em: 13 maio 2009.

CANDIOTTO, Cesar. Verdade, confissão e desejo em Foucault. *Revista Observaciones Filosóficas*, v. 1, n. 4, 2007a. Disponível em: <http://www.observacionesfilosoficas.net/truthconfe.html>. Acesso em: 12 maio 2009.

CANDIOTTO, Cesar. Filosofia e coragem da verdade em Michel Foucault. In: PEREZ, Daniel Omar (Org.). *Filósofos e terapeutas*: em torno da questão da cura. São Paulo: Escuta, 2007b. v. 1, p. 31-52.

CANDIOTTO, Cesar. Subjetividade e verdade no último Foucault. *Trans/Form/Ação*, São Paulo, v. 31, n. 1, p. 87-103, 2008. Disponível em: <http://www.scielo.br/pdf/trans/v31n1/v31n1a05.pdf>. Acesso em: 12 maio 2009.

COLOMBEL, Jeannette. *Michel Foucault: la clarté de la mort*. Paris: Odile Jacob, 1994.

DELEUZE, Gilles. *Foucault*. Paris: Éditions de Minuit, 1986.

DELEUZE, Gilles. Qu'est-ce qu'un dispositif? In: CANGUILHEM, Georges (Org.). *Michel Foucault philosophe*. Rencontre Internationale. Paris: Seuil, 1988. p. 185-195.

DESCARTES, René. Meditações. Tradução J. Guinsburg e Bento Prado Júnior. In: *Os pensadores*. São Paulo: Abril Cultural, 1973. p. 81-150.

DESCOMBES, Vicent. *Le même et l'autre: quarante-cinq ans de philosophie française (1933-1978)*. Paris: Minuit, 1979.

DUMÉZIL, Georges. *Le moyne noir en gris dedans Varenne. Sortie Nostradamique suivie d'un Divertissement sur les dernières paroles de Socrate*. Paris: Gallimard, 1984.

ERIBON, Didier. *Michel Foucault (1926-1984)*. Paris: Flammarion, 1989.

FOUCAULT, Michel. *Les mots et les choses*: une archéologie des sciences humaines. Paris: Gallimard, 1966.

FOUCAULT, Michel. *L'archéologie du savoir*. Paris: Gallimard, 1969.

FOUCAULT, Michel. *L'ordre du discours*. Leçon inaugurale au *Collège de France* prononcée le 2 décembre 1970. Paris: Gallimard, 1971.

FOUCAULT, Michel. *Histoire de la folie à l'âge classique*. Paris: Gallimard, 1972.

FOUCAULT, Michel. *Surveiller et punir. Naissance de la prison*. Paris: Gallimard, 1975.

FOUCAULT, Michel. *Histoire de la sexualité, I*: La volonté de savoir. Paris: Gallimard, 1976.

FOUCAULT, Michel. *Du gouvernement des vivants. Cours au Collège de France, 1979-1980*. Paris: Arquivos IMEC, 1980. [Disponível em fitas-cassete: C 62 (01-12)].

FOUCAULT, Michel. *Mal faire, dire vrai. Fonctions de l'aveu*. Paris: Arquivos do IMEC, 1981a. [Disponível em texto datilografado: D 201].

FOUCAULT, Michel. *Subjectivité et vérité. Cours au Collège de France, 1980-1981*. Paris: Arquivos IMEC, 1981b. [Disponível em fitas-cassete: C 63 (01-07)].

FOUCAULT, Michel. *Histoire de la sexualité, II*: l'usage des plaisirs. Paris: Gallimard, 1984a.

FOUCAULT, Michel. *Histoire de la sexualité, III*: le souci de soi. Paris: Gallimard, 1984b.

FOUCAULT, Michel. Qu'est-ce que la critique? *Bulletin de la Société Française de Philosophie*, t. LXXXIV, année 84, n. 2, p. 35-63, avr/juin 1990.

FOUCAULT, Michel. *Dits et écrits, I*. Édition établie sous la direction de Daniel Defert e François Ewald, avec la collaboration de Jacques Lagrange. Paris: Gallimard, 1994a.

FOUCAULT, Michel. *Dits et écrits, II*. Édition établie sous la direction de Daniel Defert e François Ewald, avec la collaboration de Jacques Lagrange. Paris: Gallimard, 1994b.

FOUCAULT, Michel. *Dits et écrits, III*. Édition établie sous la direction de Daniel Defert e François Ewald, avec la collaboration de Jacques Lagrange. Paris: Gallimard, 1994c.

FOUCAULT, Michel. *Dits et écrits, IV*. Édition établie sous la direction de Daniel Defert e François Ewald, avec la collaboration de Jacques Lagrange. Paris: Gallimard, 1994d.

FOUCAULT, Michel. *Discorso e verità nella Grecia antica*. Tradução Adelina Galeotti. Roma: Donzelli, 1997a.

FOUCAULT, Michel. *Il faut défendre la société. Cours au Collège de France, 1975-1976*. Édition établie par François Ewald et Alessandro Fontana, par Mauro Bertani e Alessandro Fontana. Paris: Seuil/Gallimard, 1997b. (Coll. Hautes études).

FOUCAULT, Michel. *Les anormaux. Cours au Collège de France, 1974-1975*. Édition établie par François Ewald et Alessandro Fontana, par Valério Manchete e Antonil Salomoni. Paris: Seuil/Gallimard, 1999. (Coll. Hautes études).

FOUCAULT, Michel. *Microfísica do poder*. 15. ed. Organização e introdução de Roberto Machado. Rio de Janeiro: Graal, 2000.

FOUCAULT, Michel. *L'herméneutique du sujet. Cours au Collège de France, 1981-1982*. Édition établie par François Ewald et Alessandro Fontana, par Frédéric Gros. Paris: Seuil/Gallimard, 2001.

FOUCAULT, Michel. *Le pouvoir psychiatrique. Cours au Collège de France, 1973-1974*. Édition établie par François Ewald et Alessandro Fontana, par Jacques Lagrange. Paris: Seuil/Gallimard, 2003. (Coll. Hautes études).

FOUCAULT, Michel. *Naissance de la biopolitique. Cours au Collège de France, 1978-1979*. Édition établie par François Ewald et Alessandro Fontana, par Michel Senellart. Paris: Seuil/Gallimard, 2004a.

FOUCAULT, Michel. *Sécurité, territoire, population. Cours au Collège de France, 1977-1978*. Édition établie par François Ewald et Alessandro Fontana, par Michel Senellart. Paris: Seuil/Gallimard, 2004b.

FOUCAULT, Michel. *Le gouvernement de soi et des autres. Cours au Collège de France, 1982-1983*. Édition établie par François Ewald et Alessandro Fontana, par Frédéric Gros. Paris: Seuil/Gallimard, 2008.

FOUCAULT, Michel. *Le courage de la vérité: le gouvernement de soi et des autres. Cours au Collège de France, 1983-1984*. Édition établie par François Ewald et Alessandro Fontana, par Frédéric Gros. Paris: Gallimard, 2009.

GROS, Frédéric. *Michel Foucault*. 2ᵉ éd. Paris: PUF, 1998.

GROS, Frédéric. Situation du cours. In: FOUCAULT, Michel. *L'herméneutique du sujet*. Paris: Seuil/Gallimard, 2001. p. 487-526.

GROS, Frédéric. La parrhêsia chez Foucault (1982-1984). In: GROS, Frédéric. (Org.). *Foucault: le courage de la vérité*. Paris: PUF, 2002. p. 155-166.

GROS, Frédéric. À propos de l'herméneutique du sujet. In: BLANC, Guillaume le; TERREL, Jean. *Foucault au Collège de France: un itinéraire*. Bordeaux: Presses Universitaires de Bordeaux, 2003. p. 149-163.

GROS, Frédéric. Michel Foucault, une philosophie de la vérité. In: FOUCAULT, Michel. *Philosophie: anthologie*. Anthologie établie et présentée par Frédéric Gros et Arnold I. Davidson. Paris: Gallimard, 2004. p. 11-25.

HABERMAS, Jürgen. *Técnica e ciência como ideologia*. Tradução Artur Morão. Lisboa: Edições 70, 1993.

HADOT, Pierre. *Exercices spirituels et philosophie antique*. Nouvelle édition revue et augmentée. Paris: Albin Michel, 2002.

JAFFRO, Laurent. Foucault et le Stoïcisme: sur l'historiographie de l'herméneutique du sujet. In: GROS, Frédéric; LÉVY, Carlos (Org.). *Foucault et la philosophie antique*. Paris: Kimé, 2003. p. 51-79.

JANICAUD, Dominique. Rationalité, puissance et pouvoir. In: CANGUILHEM, Georges (Org.). *Michel Foucault philosophe*. Rencontre Internationale. Paris: Seuil, 1988. p. 331-353.

KANT, Emmanuel. *Anthropologie du point de vue pragmatique*. Tradução Michel Foucault. 3ᵉ éd. Paris: Vrin, 1979.

KANT, Emmanuel. Qu'est-ce que les Lumières? In: KANT, Emmanuel. *Vers la paix perpétuelle. Que signifie s'orienter dans la pensée? Qu'est-ce que les Lumières et autres textes.* Tradução Jean-François Poirier et Françoise Proust. Paris: GF-Flammarion, 1991. p. 41-51.

LEBRUN, Gérard. Prefácio e notas. In: DESCARTES, René. *Os pensadores*. Tradução J. Guinsburg e Bento Prado Júnior. São Paulo: Abril Cultural, 1973. p. 7-8; 81-150.

LEBRUN, Gérard. *O que é o poder?* São Paulo: Brasiliense, 1995.

LECOURT, Dominique. A arqueologia e o saber. In: FOUCAULT, Michel et al. *O homem e o discurso: a arqueologia de Michel Foucault*. 2. ed. Rio de Janeiro: Tempo Brasileiro, 1996. p. 43-67.

LÉVY, Carlos. Michel Foucault et le scepticisme: réflexions sur um silence. In: GROS, Frédéric; LÉVY, Carlos (Org.). *Foucault et la philosophie antique*. Paris: Kimé, 2003. p. 119-135.

MACEY, David. *Michel Foucault*. Paris: Gallimard, 1994.

MUCHAIL, Salma Tannus. Sobre o conceito de genealogia em Michel Foucault. *Revista de Filosofia*, Curitiba, v. 13, n. 12, p. 7-11, 2001.

MUCHAIL, Salma Tannus. *Foucault, simplesmente: textos reunidos*. São Paulo: Loyola, 2004.

NIETZSCHE, Friedrich. La généalogie de la morale. Introdução de Peter Pütz. Tradução Henry Aubert. In: *Oeuvres*. Paris: Robert Laffont, 1993a. v. 2, p. 741-889.

NIETZSCHE, Friedrich. Le gai savoir. In: *Oeuvres*. Paris: Robert Laffont, 1993b. v. 2, p. 1-265.

PASCHOAL, Antônio Edmilson. *A genealogia de Nietzsche*. Curitiba: Champagnat, 2003.

PASSETTI, Edson. Anarquismos e sociedade de controle. In: RAGO, Margareth; ORLANDI, Luiz Benedito L.; VEIGA-NETO, Alfredo. (Org.). *Imagens de Foucault e Deleuze: ressonâncias nietzschianas*. Rio de Janeiro: DP&A, 2002. p. 123-138.

PLATON. *Apologie de Socrate. Criton*. Introductions et traductions inédites de Luc Brisson 2ᵉ éd. Paris: GF-Flammarion, 1997.

PLATON. Premier Alcibiade. In : *Premiers dialogues*. Traduction, notices et notes par Émile Chambry Paris: GF-Flammarion, 1967a. p. 99-176.

PLATON. Lachès. In: *Premiers dialogues*. Traduction, notices et notes par Émile Chambry. Paris: GF-Flammarion, 1967b. p. 223-260.

POETZL-MAJOR, Pamela. The disorder of things. *Revue Internationale de Philosophie*, Belgique, v. 44, n. 173, 2, p. 198-208, 1990.

RAGO, Margareth. O anarquismo e a história. In: PORTOCARRERO, Vera; CASTELO BRANCO, Guilherme (Org.). *Retratos de Foucault*. Rio de Janeiro: Nau, 2000. p. 88-116.

RAJCHMAN, John. Foucault pragmático. In: PORTOCARRERO, Vera; CASTELO BRANCO, Guilherme (Org.). *Retratos de Foucault*. Rio de Janeiro: Nau, 2000. p. 68-87.

REVEL, Judith. *Vocabulaire Foucault*. Paris: Ellipses, 2002.

SCHURMANN, Reiner. Se constituer soi-même comme sujet anarchique. *Les Études Philosophiques,* Marseille, n. 4, p. 451-475, oct./déc. 1986.

SENELLART, Michel. La critique de la raison gouvernementale. In: BLANC, Guillaume le; TERREL, Jean (Org.). *Foucault au Collège de France: un itinéraire*. Bordeaux: Presses Universitaires de Bordeaux, 2003a. p. 131-148.

SENELLART, Michel. La pratique de la direction de conscience. In: GROS, Frédéric; LÉVY, Carlos. (Org.). *Foucault et la philosophie antique*. Paris: Kimé, 2003b. p. 153-174.

SENELLART, Michel. Situation des cours. In: FOUCAULT, Michel. *Sécurité, territoire, population. Cours au Collège de France, 1977-1978*. Paris: Seuil/Gallimard, 2004. p. 379-411.

SILVA, Ronaldo Duarte. *Foucault e a geometria do saber*. 2002. 252 f. Tese (Doutorado em Filosofia) – Universidade Federal do Rio de Janeiro, Rio de Janeiro, 2002.

SIMONS, John. *Foucault & political*. London; New York: Routledge, 1995.

TERNES, José. *Michel Foucault e a idade do homem*. Goiânia: Ed. da UCG-UFG, 1998.

VERNANT, Jean-Pierre. The individual within the City-State. In: *Mortals and limmortals: collected essays*. Ed. Froma I. Zeitlin. Princeton, NJ: Princeton University Press, 1991.

VEYNE, Paul. Le dernier Foucault et sa morale. *Critique*, Paris, v. XLII, n. 471-472, p. 933-941, 1986.

VEYNE, Paul. Foucault revoluciona a história. In: *Como se escreve a história*. 3. ed. Brasília: Editora Universidade de Brasília, 1995. p. 150-181.

Este livro foi composto com tipografia Bembo e impresso
em papel Off Set 75 g/m² na Gráfica PSI7.